Desarrolla la inteligencia de tu bebé

Grupo ROBIN BOOK

Barcelona - México
Buenos Aires

Desarrolla la inteligencia de tu bebé

Elizabeth Doodson

ROBIN
BOOK
nuevos padres

© 2011, Ediciones Robinbook, s. l., Barcelona

Diseño de cubierta: Regina Richling
Fotografía de cubierta: iStockphoto
Diseño interior: Eva Alonso
ISBN: 978-84-9917-121-0
Depósito legal: B-21.334-2011

S.A. DE LITOGRAFIA, Ramón Casas, 2 esq. Torrent Vallmajor, 08911 Badalona
(Barcelona)

Impreso en España - *Printed in Spain*

Sumario

PARTE III

Sus cinco sentidos, clave en su desarrollo intelectual

Sumario

PARTE V

El desarrollo de su personalidad

PARTE VI

Ejercicios y actividades prácticas que estimulan su inteligencia

Sumario

LO MÁS IMPORTANTE: QUE SEA FELIZ

El libro que tienes entre tus manos ha sido elaborado con la intención de recopilar informaciones, teorías, investigaciones y un buen número de consejos sobre todo lo que los padres pueden hacer para desarrollar la inteligencia de sus hijos, incluso antes de nacer.

Pero atención: tal y como se explica en muchas de las páginas que siguen, no se trata de crear genios o niños prodigio, ni tampoco de alterar el normal desarrollo de los bebés para que sean siempre los "primeros" en todas y cada una de las facetas de su vida.

El objetivo es ofrecer una descripción lo más detallada posible de todas las habilidades, aptitudes y potencialidades que los bebés traen "de serie"; analizar de qué forma se pueden estimular y desarrollar durante los primeros años de su vida y explicar las repercusiones que todo ello tiene ya no sólo en su inteligencia sino también en su carácter, su emotividad o sus relaciones sociales.

Así, en la primera parte, se abordan las peculiaridades del cerebro infantil, incluyendo muchos de esos "secretos" que a día de hoy siguen apasionando a los científicos; y también se hace un repaso a todas las ventajas de utilizar las técnicas de estimulación prenatal y los métodos más efectivos a disposición de las futuras mamás.

La segunda parte está estructurada a modo de guía para facilitar a los padres una visión rápida y concreta de todos los hitos y logros que caracterizan el desarrollo infantil entre los 0 y los 3 años y, también, cuáles son los mejores estímulos que le pueden proporcionar al bebé en cada momento.

Los cinco sentidos son los protagonistas de la tercera parte. Los olores, los sabores, las imágenes, los sonidos y, muy importante, las caricias y otras sensaciones que le llegan a través del tacto, son analizados desde la perspectiva de su evolución, aportando también una serie de pautas para mimar cómo se merece el delicado mundo sensorial infantil.

Tal vez las páginas en las que los estímulos juegan un mayor protagonismo son las correspondientes a la parte cuarta del libro, dónde se analizan todas las destrezas que el niño es capaz de desarrollar y, por supuesto, las mejores estrategias que los padres pueden poner en marcha para ayudarle a conseguirlo.

La personalidad del bebé ocupa la quinta parte, en la que se describen las actitudes que ya desde las primeras semanas pueden aportar una información muy valiosa sobre el tipo de carácter que tendrá el niño y, también, se ofrecen recomendaciones para aumentar aspectos tan determinantes en su forma de ser como la autoestima o las habilidades sociales.

La parte más "dinámica" es la última, ya que en ella se aborda en profundidad cómo sacar todo el partido a lo que supone la mejor estrategia educativa en los primeros años de vida: el juego. Allí encontrarás una relación de las actividades y tipos de juguetes más recomendables para ayudar al niño a desarrollar las habilidades más importantes tanto desde el punto de vista físico como cognitivo y emocional.

Tan sólo dos ideas para terminar: por un lado, recordarte que se trata de una recopilación de datos e informaciones, muchas de ellas extraídas de auténticos "clásicos" en lo que a estimulación temprana se refiere como son los libros *Superbe-bé*, del doctor Jaroslav Koch, y *Cómo multiplicar la inteligencia de su bebé*, del neurocirujano Glenn Doman. Ambos expertos son creadores de los que tal vez sean los dos métodos más importantes en este sentido. Pero independiente de las pautas y consejos concretos, recuerda que no hay nada que sustituya a las manifestaciones de amor y cariño que das a tu hijo: un niño aceptado es un niño feliz, y un niño feliz aprende más fácilmente.

Y, por otro, y como ya se apuntaba más arriba, no pierdas nunca de vista que el objetivo no es someter al niño a un *sprint* de conocimientos y mucho menos a una sobre-estimulación. Tampoco se trata de que sea a toda costa el más listo de la clase o de que eclipse a sus primos en las reuniones familiares. La idea es ayudarle a divertirse y a pasarlo bien con actividades que, de paso, estimulen su inteligencia, pero sobre todo, y lo más importante, de que todo ello redunde en el que debe ser tu principal aspiración: que tu hijo sea feliz.

PARTE I:
ESTIMULAR SU INTELIGENCIA DESDE EL PRINCIPIO

1
¿Qué se sabe del cerebro infantil?

Entre la sexta semana y el quinto mes de gestación, en el cerebro del bebé se desarrollan unos cien mil millones de células cerebrales. Está demostrado que durante los primeros años de vida, en el cerebro infantil se desarrolla una actividad frenética a través de la cual estas células establecen conexiones entre sí. Pero aún hay muchos secretos sin descubrir sobre el funcionamiento cerebral en los primeros meses de vida.

El dato

"Todos los días estamos descubriendo más y más cosas sobre cómo funciona el cerebro, y si esta información puede ayudarnos a aprender de una forma más efectiva cómo estimular determinadas áreas o desarrollar las habilidades educativas, deberíamos usarla desde edades tempranas."

Dra. Utha Frith. Jefa del grupo de trabajo sobre Neurociencia de la Royal Society británica.

✔ Pese a los importantes avances en el campo de las técnicas diagnósticas, el cerebro en general –y el infantil en particular– sigue siendo un gran desconocido para los científicos. Se sabe que aproximadamente a los tres meses de gestación, el feto ya posee todas las neuronas que configurarán su cerebro adulto y que, cuando nace, estas inician un proceso de interconexión muy intenso.

✔ También se ha demostrado que, cuando el niño nace, el hemisferio derecho (relacionado con la intuición, la imaginación y la creatividad) está más desarrollado que el izquierdo (gobernado por el pensamiento lógico y analí-

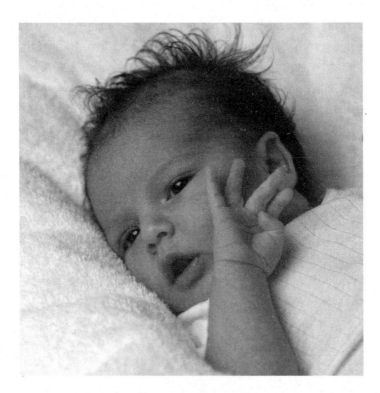

tico e implicado en las habilidades matemáticas y del habla). Esta es la razón por la que durante sus primeros meses los bebés están más a merced de sus emociones.

✔ Tal y como se explica en un proyecto auspiciado por el Programa de Centros de Investigación y Desarrollo Educativo norteamericano titulado *Cómo estimular el cerebro infantil*, hay periodos en los que ciertas partes del cerebro pueden incorporar información nueva con mayor facilidad que en otros. Los científicos definen estos periodos como "puertas" que se abren durante los primeros años de vida y luego se cierran completamente.

✔ Así, por ejemplo, los primeros cinco años constituyen el periodo óptimo para desarrollar la capacidad del lenguaje, mientras que los primeros meses son clave en el desarrollo de la capacidad visual.

La "neurociencia educacional": ¿la escuela del futuro?

Según un informe realizado por expertos de la Royal Society británica, un campo de investigación emergente conocido como le "neurociencia educacional" podría transformar la forma de enseñar y, en el futuro, tendría un enorme impacto en los sistemas educativos de todo el mundo. La neurociencia educacional consiste en el estudio de algunos de los procesos básicos involucrados en el aprendizaje para instruirse y, también, permite a los científicos descubrir la forma en la que el cerebro "aprende a aprender".

El informe, elaborado por un grupo de neurocientíficos, psicólogos cognitivos y especialistas en educación, recoge las experiencias obtenidas mediante la observación de cómo las tecnologías de aprendizaje adaptativas, como lo juegos de ordenador, permitían a los estudiantes practicar actividades de aprendizaje específicas y personalizadas. Esto llevó a los expertos a la conclusión de que estas herramientas podrían utilizarse para complementar el trabajo de los docentes.

Según los autores de la investigación, dado que la educación tiene que ver con el hecho de fortalecer el aprendizaje y la neurociencia se relaciona con la comprensión de los mecanismos de base cerebral que apuntalan este aprendizaje, parece lógico que una informe a la otra.

2
Estimulación prenatal: efectiva y fácil de poner en práctica

Favorecer el desarrollo de la inteligencia del bebé es una "carrera de fondo" que comienza ya en el útero materno. Hay evidencias de que someter periódicamente al feto a la acción de determinados estímulos sienta las bases para un correcto desarrollo físico, mental y cognitivo después de nacer.

El dato

Numerosos estudios han demostrado que la estimulación prenatal parece tener un efecto favorable sobre la inteligencia y el coeficiente intelectual. Esto es debido a que estimula las interconexiones neuronales que determinan la inteligencia y los parámetros sociales y emocionales.

✔ Los expertos denominan estimulación prenatal a todas aquellas técnicas que utilizan distintas fuentes de estímulos (voz materna, música, presión, movimientos, vibraciones, luces...) para establecer comunicación con el feto durante el embarazo con el objetivo de favorecer de forma temprana su desarrollo sensorial, físico y mental.

✔ Asimismo, hay investigaciones que han demostrado la relación existente entre la estimulación prenatal y una mayor capacidad lingüística y motora del bebé.

✔ Se ha comprobado también cómo, desde el nacimiento, los niños que han sido estimulados durante el periodo fetal se muestran más dinámicos, relajados y con una mayor iniciativa y, además, son bastante más sociables.

✔ Los estudios realizados por Thomas R. Verny y René van de Carr, dos de los principales expertos en estimulación prenatal, demostraron que los niños que reciben estimulación prenatal duermen mejor, están más alerta y se calman antes al oír las voces y la música que escuchaban desde el útero.

✔ ¿Cuándo empezar con la estimulación prenatal? Según los expertos, cuando los sentidos del bebé en formación sean capaces de captar estos estímulos, lo que ocurre aproximadamente en torno a los tres meses de gestación. Sin embargo, hay que tener en cuenta que el feto desarrolla sus habilidades sensoriales y motoras en diferentes etapas del embarazo, de ahí la importancia de ir estimulándolo a medida que evolucione lo suficiente el sentido al que se dirige el estímulo y pueda responder a él.

✔ Si bien siempre es positivo transmitir estímulos al niño cuando aún está dentro del útero, hay que hacerlo con un "guión" o siguiendo una técnica. Y es que está demostrado que el bebé puede aprender a relacionar los estímulos a sus significados solo si éstos se presentan de una forma organizada. Por eso, es importante cantarle siempre la misma canción, hablar con él en un tono uniforme, masajear la tripa a la misma hora ….

Una mayor estabilidad familiar

Un importante estudio sobre la estimulación temprana, el Proyecto Familia, dirigido por la doctora Beatriz Manrique en el Ministerio de Estado para el Desarrollo de la Inteligencia, en Venezuela, incluía un programa educativo prenatal con técnicas de estimulación y ejercicios corporales. Los resultados obtenidos demostraron que, años después, tanto los niños que habían recibido estimulación prenatal como sus familias tenían unos lazos más intensos y una mayor cohesión familiar, confirmando de esta manera que las técnicas prenatales proporcionan una base duradera para la comunicación amorosa y las relaciones paterno-filiales. Según la autora de la investigación, la razón de este esta relación causa-efecto hay que buscarla en el hecho de que la manera en que los padres interactúan con los bebés antes de nacer tiene un impacto en el desarrollo posterior del niño. "El optimismo, la confianza y la cordialidad pueden transmitirse de forma fácil si el útero se convierte en un cálido y enriquecedor ambiente para el bebé."

3

La haptonomía: abrazos antes de nacer

Esta técnica se encuadra dentro de los llamados métodos psico-táctiles y va dirigida fundamentalmente a fomentar el desarrollo de la vertiente afectiva del recién nacido primero y del bebé después. Está demostrado que aplicada durante el primer año de vida ayuda a la expansión plena de las facultades del niño.

El dato

"La haptonomía crea las situaciones ideales tanto antes de la concepción como durante el embarazo, con el acompañamiento afectivo, a través del tacto, de los padres y de su hijo; les indica el camino para instaurar una relación afectiva. Esta técnica enfoca la preparación de los padres para sus tareas y les enseña a desarrollar sus facultades innatas"

Frans Veldman, fundador de la técnica de la haptonomía.

✔ La haptonomía se puede definir como "ciencia del tacto" y se basa en las relaciones afectivas que se generan a partir del contacto físico. Sus principales beneficios son la creación temprana de unos vínculos materno (y, también, paterno) filiales muy estrechos desde antes de nacer; estimular el desarrollo de la faceta emocional del bebé y proporcionar al niño una sensación de seguridad que va a redundar en su autoestima futura.

✔ Los estudios realizados al respecto han demostrado que el contacto que se establece a través del tacto entre la embarazada y el feto primero y entre los padres y el hijo después activa los circuitos neurohormonales, por lo que favorece la inteligencia del bebé. Además, está comprobado que los bebés que han recibido este tipo de estimulación en el útero materno se muestran ya desde su nacimiento más seguros y mantienen unos vínculos afectivos con sus padres más intensos.

✔ Durante el embarazo, la técnica consiste en realizar ligeras presiones sobre el vientre para comunicarse con el bebé y animarle a responder. Lo ideas es acudir a las sesiones en pareja, para que un profesional en esta haptonomía ofrezca las recomendaciones para que esta técnica sea eficaz y que luego se pueden poner en práctica en casa.

✔ Lo primero que se hace es localizar la posición del bebé dentro del útero para después tomar contacto con él y, realizando una respiración profunda, acariciarlo y concentrarse en su bienestar.

✔ El feto percibe esta mezcla de caricia y sensación de relajación que le transmite su madre a través de las paredes del vientre y responde de manera positiva; generalmente lo hace con patadas o movimientos claramente perceptibles. Los expertos aconsejan acompañar estas "caricias" con palabras cargadas de ternura y mensajes positivos hacia el niño que va a nacer.

✔ Se recomienda empezar a practicar esta técnica a partir del quinto mes de embarazo, que es cuando el niño ya es capaz de apreciar claramente tanto estas acciones táctiles de la madre como las palabras que ésta le dedica.

Veto al estrés

Técnicas como la haptonomía tienen el valor añadido de que ejercen también un efecto relajante en la futura madre, algo muy importante ya que está comprobado que si la embarazada se encuentra bien y tranquila está facilitando el adecuado desarrollo del niño. No hay que olvidar que está demostrado que el estrés materno puede afectar de forma más o menos determinante al sistema nervioso del bebé en formación.

4

La musicoterapia: sonidos dentro de mamá

Aproximadamente entre los cinco y los seis meses de embarazo el feto tiene desarrollado todo su sistema auditivo, por lo que es capaz de escuchar las canciones que canta su madre u otras melodías que le llegan del exterior. Hay evidencias de que estas "audiciones intrauterinas" favorecen su desarrollo intelectual.

El dato

Existen evidencias científicas de que si la madre, durante el embarazo, tiene la costumbre de cantar una determinada canción, el bebé, una vez ha nacido, pone especial atención cuándo vuelva a escucharla y la reconoce prácticamente al instante.

✔ Son muchas las investigaciones que han demostrado que escuchar música durante la gestación o cantarle al bebé tiene repercusiones directas en su intelecto, estimulando, entre otras funciones, la memoria.

✔ Dentro de la madre, el feto ya es capaz de diferenciar los ruidos intrauterinos (respiración, digestión) de los externos. Y esta es la base en la que se sustentan las distintas técnicas de musicoterapia que se utilizan durante el embarazo.

✔ Se ha comprobado que la música clásica relaja al feto mientras que la estridente lo acelera y hace latir más rápido su corazón. También se sabe que puede llegar a diferenciar los sonidos graves de los agudos.

✔ Todas las investigaciones coinciden en que, ante la duda, lo mejor es ponerle música clásica, preferiblemente barroca, ya que las composiciones de esta etapa tienen un ritmo semejante a los latidos del corazón materno, por lo que son muy beneficiosos para el feto en el sentido de que le tranquilizan.

✔ Además, los expertos aseguran que aplicar sobre el vientre de la madre música relajante estimula el hemisferio izquierdo del cerebro fetal, sentando las bases que facilitarán, cuando ya haya nacido, las tareas de aprendizaje, sobre todo en las materias que se refieren a las ciencias y a las humanidades.

✔ Asimismo, está demostrado que si la madre le habla o le canta al niño con frecuencia está favoreciendo que se estimulen todos sus sentidos y, además, propicia que se asienten los primeros patrones que habrán de regir su psicomotricidad.

Audiciones prácticas

Los musicoterapeutas aconsejan que, para que el efecto de la música en el feto sea efectivo, lo mejor es escuchar determinada pieza musical en un horario fijo a un tiempo determinado, de tal manera que para él, la audición de sonidos rítmicos se convierta en una rutina.

También se pueden adquirir unos auriculares especiales para ponerlos sobre el abdomen y facilitar que los sonidos lleguen al niño de forma más nítida.

Otra opción es acudir a clases de musicoterapia y ponerse en manos de profesionales expertos en métodos como el Firstart el cual, a través de un sistema de megafonía, proporciona al feto sonidos con un ritmo y una frecuencia similares a los del corazón materno.

5

El Método Bérard: estimulación auditiva

Este método se trata de una "gimnasia auditiva" a través de la cual la futura madre transmite al bebé una serie de estímulos que se toman de música sinfónica filtrada por un modulador de frecuencias. Estos sonidos tienen un efecto importante en áreas cerebrales tan importantes como, por ejemplo, la que rige la capacidad de expresión oral.

El dato

Los expertos en el método Bérard defienden el término de inteligencia auditiva (la capacidad de recordar ritmos y patrones de tono) y que es la que, entre otras cosas, permite aprender a los niños el habla de los padres y de otros pueblos. Es la más importante para la futura actividad escolar del niño, ya que va a jugar un papel determinante en la comprensión de los mensajes orales.

✔ Es uno de los métodos basados en la estimulación auditiva más utilizados, que se puede aplicar de forma prenatal pero también a lo largo de los primeros años de vida del niño, además de con la finalidad de estimular de forma temprana sus habilidades, para tratar determinados problemas que puedan presentarse, como el autismo o las dificultades de aprendizaje. También se aplica en adultos para tratar, por ejemplo, los casos de depresión.

✔ Consiste en la audición, a través de un aparato denominado audikinetrón (un modulador de frecuencia en el que se alternan todo tipo de sonidos) de determinado tipo de música.

✔ Se basa en sesiones de estimulación musical de media hora de duración que se ofrecen a las embarazadas una vez a la semana a partir del quinto mes de embarazo.

✔ El objetivo de estas audiciones es potenciar el desarrollo de las distintas áreas cerebrales, lo que, según numerosas investigaciones, hace que sea más fácil la posterior comprensión oral del niño.

✔ Estas sesiones semanales, que se imparten en los muchos centros que aplican este método en todo el mundo, se complementan con otras sesiones que se pueden hacer en casa, preferiblemente en pareja, con un tipo de música y unas recomendaciones que facilita el experto en este método.

✔ En niños mayores (se recomienda a partir de los tres años) y en adultos, el método se basa en 20 sesiones de estimulación auditiva que se dan en 10 días con dos sesiones diarias de 30 minutos.

¿Por qué a partir del quinto mes?

Se aconseja empezar con el método Bérard alrededor del quinto mes de gestación porque es a partir de este momento cuando el oído del feto ya ha terminado de desarrollarse, por lo que está perfectamente capacitado para percibir no sólo los ruidos internos de la madre sino también muchos de los sonidos externos. Investigaciones realizadas al respecto han demostrado cómo el feto responde según el tipo de música que escucha, alejándose de los sonidos estridentes y disfrutando de piezas más armoniosas, como por ejemplo algunas composiciones clásicas.

6

Así funciona el cerebro del recién nacido

El cerebro del recién nacido tiene un increíble potencial, pero necesita una serie de estímulos para que todas esas funciones que vienen "de serie" se desarrollen y den lugar a un buen número de facultades. Por eso es tan importante ofrecer al niño los juegos y las actividades más adaptadas en cada momento a su nivel de desarrollo cerebral.

El dato

"Cuando nacen, las criaturas humanas pueden llorar y moverse, pero no hablan, ni andan, ni tienen movimientos coordinados, ni manifiestan respuestas inteligentes. Estas y otras funciones, ni existen ni pueden existir simplemente porque el cerebro no tiene ni la madurez ni las vías nerviosas necesarias. Estudios recientes demuestran que la mayoría de las neuronas cerebrales se forman después del nacimiento bajo la influencia de los estímulos sensoriales que se reciben del ambiente exterior a través de los sentidos."

Profesor José M. Rodríguez Delgado, neurobiólogo español y autor del libro *La mente del niño*.

✔ Los genes, los estímulos y el entorno: esos son los tres elementos implicados en el desarrollo del cerebro infantil y sobre cuya influencia han surgido diferentes teorías. Pero independientemente de la acción de estos factores, lo que sí es cierto es que los bebés llegan al mundo con el número máximo de cantidad de neuronas que tendrán toda su vida.

✔ El potencial de estas neuronas para establecer conexiones entre sí es prácticamente infinito, y en esas conexiones se encuentra la clave del impresionante desarrollo que experimenta el desarrollo infantil durante sus primeros años de vida.

✔ Lo que transportan las neuronas por el cerebro es información y las conexiones neuronales durante este periodo se forman a tal rapidez que se estima que cuando el niño cumple tres años posee el doble de estas conexiones de las que necesitará cuando sea adulto.

✔ Según los expertos en el tema, a medida que se cumplen años, ese excedente de conexiones neuronales se van perdiendo, y el criterio que explica cuáles se eliminan y cuáles permanecen en el tiempo es el siguiente: tienden a sobrevivir las que se utilizan con suficiente frecuencia.

✔ Por otro lado, se sabe que el ritmo de desarrollo varían según la zona del cerebro de la que se trate y la función a la que esta se dedica. Esta es la razón por la que parece haber unos periodos más receptivos para aprender determinados procesos, como el lenguaje, de ahí que sea tan importante que los estímulos que se le ofrezcan al niño estén adaptados a su edad y etapa de desarrollo.

El papel de la mielina

Un grupo de científicos británicos ha demostrado por primera vez cómo se desarrollan las conexiones cerebrales en los primeros meses de vida y han llegado a la conclusión del importante papel que juega en este proceso una sustancia: la mielina. A través de una nueva técnica por imágenes, investigadores del Instituto de Psiquiatría del King's College, de Londres, sometieron a los cerebros de los bebés a un monitorización con el fin de comprobar la formación de cubiertas aislantes alrededor de las células nerviosas, proceso conocido como mielinización y que es fundamental para el correcto funcionamiento del cerebro. Los expertos comprobaron que a los nueve meses este proceso es visible en todas las zonas cerebrales y que, incluso, en algunas zonas estaba desarrollado casi como a nivel adulto. Además de demostrar el importante papel de esta sustancia en las interconexiones neuronales, los resultados de esta investigación resultan muy útiles para desarrollar tratamientos adaptados a niños con problemas de desarrollo, como es el caso de algunos prematuros, en los que este proceso de mielinización suele fallar.

7
Niños y niñas: ¿aprenden igual?

Los niños y las niñas son diferentes a muchos niveles y es un hecho que sus estructuras cerebrales y, por ello, muchas de sus capacidades, son distintas, lo que hace que aprendan y procesen el aprendizaje de forma diferente.

El dato

"El cerebro del bebé crece, antes y después del nacimiento, de forma similar a una planta trepadora: las células cerebrales van alargándose y estableciendo nuevas conexiones continuamente. La mitad izquierda del cortex crece más despacio que la derecha en todos los bebés humanos, pero en los varones lo hace incluso con mayor lentitud. La testosterona que corre por su torrente sanguíneo frena el proceso. El estrógeno, la hormona que predomina en la sangre de las niñas, estimula un crecimiento más rápido de las células cerebrales."

Steve Biddulph, terapeuta australiano experto en temas de educación.

✔ Desde que nacen, y ya desde la etapa uterina, el cerebro de niños y niñas presenta diferencias, y en los primeros meses del desarrollo, éstas se mantienen.

✔ A medida que crece, el hemisferio derecho intenta establecer conexiones con el izquierdo. En los niños, este hemisferio todavía no está maduro para absorber las conexiones y, por lo tanto, las células nerviosas del hemisferio derecho no encuentran dónde conectarse. En lugar de ello, vuelven sobre sus pasos y establecen nuevas conexiones entre ellas. Como resultado de esto, el hemisferio derecho del niño tiene más conexiones internas, pero menos con el izquierdo. Según los expertos, esta es una posible explicación al hecho de que los niños destaquen más en matemáticas, una actividad propia en su mayor parte del hemisferio derecho.

✔ Debido a que sus dos hemisferios están mejor conectados, las mujeres que, por ejemplo, sufren una apoplejía, suelen recuperarse antes y de forma más satisfactoria que los hombres. ¿La razón? Son capaces de activar otras rutas entre ambos hemisferios que suplan la función de las partes lesionadas.

✔ Por el mismo motivo, las niñas con problemas de aprendizaje mejoran más deprisa cuando les enseñan, mientras que los niños son más propensos a tener problemas a causa de problemas cerebrales por lesiones producidas en el parto, etc.

Ello puede explicar, según los expertos, que haya más niños que niñas con problemas de aprendizaje, autismo y muchos otros trastornos.

✔ Además, hay una serie de diferencias evidentes respecto a distintas habilidades. Los niños demuestran más facilidad para las matemáticas, tienen tendencia desmontar los juguetes, las máquinas, los aparatos, etc... y dejar todas las piezas sin recoger; suelen estar más predispuestos a demostrar actitudes violentas; y poseen una orientación espacial mucho más marcada

✔ Las niñas, por su parte, poseen más facilidad para expresarse y hablar de sus sentimientos; les resulta más fácil resolver problemas mediante la introspección; aprenden antes el lenguaje y lo utilizan mucho mejor que los niños; y muestran más interés por los juegos de simulación y por imitar a otros (sobre todo compañeras o hermanas mayores).

¿Qué pueden hacer los padres?

Es importante que los padres vigilen la tendencia a dar un tratamiento distinto basándose en el sexo. Los bebés, independientemente de cuál sea su sexo, necesitan que se los coja en brazos, se los acune y, por supuesto, les gusta ser acariciados y recibir todo tipo de mimos.

Otro aspecto a tener en cuenta es el poder del lenguaje. Los adjetivos que usamos para describir a niños y niñas, la forma en que hablamos sobre hombres y mujeres, los géneros que usamos para describir a las personas de distintas profesiones van configurando las percepciones de los niños sobre ellos mismos y su sexo.

Y, también, a medida que el niño vaya creciendo, deben contrarrestar las imágenes de los medios de comunicación. Cuando los niños comienzan a captar información sobre papeles masculinos y femeninos procedente de las revistas y la televisión, la usan para comprender el mundo. Corresponde a los padres ayudarles a clasificar adecuadamente esos mensajes.

8

Su cociente intelectual: qué dice sobre su inteligencia

El cociente intelectual (C.I.) es un término que se utiliza para determinar la destreza mental. Si bien en la vida adulta puede ser un dato significativo, durante la infancia es difícil de determinar. La opinión de los expertos es que se trata de una información más, que resulta ilustrativa pero no determinante.

El dato

"Casi todos tenemos un buen cociente intelectual, que se ha visto estimulado adecuadamente por las asignaturas que los educadores decidieron enseñarnos. Pero si uno se obsesiona con el C.I., si lo convierte en rasero para medirse constantemente con el vecino de enfrente, más le vale parar un instante y darse cuenta de que el C.I. no es un índice de éxito en la vida, sino que refleja únicamente un conjunto de capacidades."

Doctoras Kathy Hirsh-Pasek, directora del Laboratorio Infantil de la Universidad de Temple, y Roberta Michnick, directora del Proyecto de Lenguaje Infantil en la Universidad de Delaware.

✔ Se podría decir que el cociente intelectual o cociente de inteligencia, C.I., se trata de una calificación que determina la destreza mental o el grado de "brillantez" de una persona en comparación con otras. Se estima que el C.I. medio es 100.

✔ Hay muchas teorías respecto a su fiabilidad y, también, a la proporción en que la genética o el desarrollo intervienen en los resultados obtenidos.

✔ En lo que casi todos los expertos coinciden es en el hecho de que cuanto más pequeño sea un niño, menos seguridades tienen las predicciones acerca de cuál será su cociente intelectual adulto.

✔ Está demostrado que los intentos por medir el C.I. de niños menores de 4 y 5 años han fracasado casi por completo. La explicación que los expertos dan a esto es que las habilidades infantiles evaluadas en los test para definirlo se refieren principalmente a procesos de maduración física que tienen poco que ver con las complejas aptitudes mentales que integran la inteligencia adulta.

✔ Respecto al papel que juega la herencia en el C.I. también hay varias teorías. Son muchos los expertos que aseguran que la relación entre la genética y la educación es de un 50 por ciento. Otras investigaciones, sin embargo, apuntan a una presencia hereditaria del 80 por ciento en el C.I.

✔ De lo que no hay duda es del papel que determinadas circunstancias pueden tener en un aumento o disminución del cociente intelectual. Así, por ejemplo, se sabe que los niños que reciben estimulación temprana obtienen mejores puntuaciones y también, en sentido contrario, que el hecho de vivir de forma persistente en situaciones de pobreza puede afectar al desarrollo cognitivo de los niños, haciendo que obtengan un C.I. notablemente más bajo que otros de su misma edad.

✔ De todas formas, la mayoría de los expertos recomiendan que la actitud más sensata a adoptar respecto a los datos arrojados por los test de cociente intelectual es interpretarlos como un dato orientativo. Tan solo podrían ser determinantes en los casos en los que los resultados fueran sistemáticamente bajos, ya que podrían indicar algún problema en el desarrollo mental del niño.

Los genios y su C.I.

En su libro *Cómo multiplicar la inteligencia de su bebé*, Glenn Doman se muestra escéptico respecto al papel que juegan los test de inteligencia, y utiliza para su argumentación algunos ejemplos que demuestran que lo que importa es la forma en la que se potencia y se utiliza la inteligencia. "Leonardo es reconocido por genio por todas las cosas soberbias que hizo. Evidentemente, nunca se le sometió a un test de C.I. Todos los grandes genios de la historia son conocidos por lo que hicieron, no por la puntuación que sacaron en su C.I. Supongamos que lo hubieran hecho. Si hubieran sacado una puntuación media, ¿dejaríamos de leer las obras de Shakespeare, o de escuchar la música de Beethoven? ¿Caerían las cosas si Newton no hubiera sido un genio según su cociente de inteligencia? ¿Se apagarían las luces si Edison no hubiera sido estúpido, tal y como se nos dice que fue de niño?"

PARTE II:
SUS LOGROS, MES A MES.
CÓMO ESTIMULARLE

9
El periodo de cero a tres años:
clave en el aprendizaje

Nunca más a lo largo de su vida el niño va a experimentar un nivel ni un ritmo de desarrollo, tanto físico como mental, tan intenso. Por eso, el llamado periodo de cero a tres es tan determinante y debe ser tan tenido en cuenta por los padres.

El dato

Numerosas investigaciones han demostrado que los mayores estímulos sensoriales se deben ofrecer al niño cuando tiene entre cero y tres años. Al nacer, los bebés tienen desarrollado un 25 por ciento de su cerebro; a los seis meses, este desarrollo es del 50 por ciento; y a los dos años y medio está desarrollado en alrededor del 75 por ciento.

✔ Desde el punto de vista del desarrollo, el niño va a ir alcanzando durante el primer año de vida un buen número de logros: de estar tumbado la mayor parte del tiempo, pasa a sentarse, comienza a gatear, se pone de fie y finalmente, algunos son capaces de dar sus primeros pasos.

✔ Lo que hay que tener muy claro es que todas las pautas que se dan al respeto son meramente orientativas. Cada niño es un mundo y va alcanzado los logros a su ritmo, sin que ello suponga que tiene ningún problema.

✔ En cuanto a los aspectos psicológicos, la evolución del desarrollo psicomotriz es casi igual de vertiginosa que el desarrollo físico, llegando a alcanzar un punto notable de capacidades a los 12 meses.

✔ En torno a los 18 meses, la mayoría de los bebés caminan

solos, sin ayuda; a los dos años suben y bajan escaleras sos-
teniéndose en la barandilla; y a los tres, montan en triciclo.

✔ En el periodo de uno a tres años, desde el punto de vista
psicológico, el niño entra en la llamada "edad de las rabietas", motivada en parte por el desequilibrio que se produce entre la extrema rapidez de aprendizaje que experimenta y los límites que ya le empiezan a poner sus padres.

✔ En definitiva, los primeros 36 meses del niño son de tal
intensidad que los padres no deben bajar la guardia ni un
momento en lo que a proporcionarle estímulos se refiere.

Programas de estimulación: una pieza clave en el desarrollo

Hace unos años, un importante estudio publicado en la pres-
tigiosa revista *The Lancet* demostró hasta qué punto la estimulación temprana tiene importantes repercusiones en el desarrollo infantil aunque se trate de niños que viven en condiciones
desfavorables. Dicho estudio recogía los resultados de una investigación realizada sobre un total de 161 niños jamaicanos,
129 de los cuales sufrían retraso de desarrollo. Los niños fueron divididos en cuatro grupos: a uno se le ofreció un suplemento alimenticio; a otro, a un programa de estimulación;
un tercer grupo recibió ambas medidas y el cuarto grupo fue
de control u observación. Los niños fueron evaluados periódicamente durante varios años, comprobando que aquellos que
habían recibido estimulación temprana presentaban mejoras
significativas en su capacidad cognitiva, mientras que en los del
grupo a los que se dio solo suplemento alimenticio solo se
apreciaron ligeras mejoras.

10
El niño de un mes

Pasa la mayor parte del día durmiendo; lo normal es que sus ritmos de comida sean aún irregulares y se sobresalte o se asuste ante los ruidos intensos. La sucesión de hazañas que va a empezar a lograr a partir de ahora no ha hecho más que empezar.

El dato

Según el doctor Jaroslav Koch, experto en desarrollo infantil, todos los estímulos que se proporcionen al bebé durante el primer mes de vida deben presentarse suave y lentamente. "Si se le muestra un juguete de repente, lo más probable es que se eche a llorar. En cambio, una presentación lenta del objeto, agitándolo lentamente, provocará en él una fijación visual."

✔ Durante el primer mes, el niño se comunica básicamente mediante llantos sonoros, más intensos cuando tiene hambre. Es capaz de reconocer a su madre por el olor y la voz y, cuando está llorando, se tranquiliza si la escucha.

✔ Los reflejos que tenía de recién nacido todavía están muy marcados, pero poco a poco irá perdiendo alguno de ellos.

✔ A esta edad es también frecuente que esboce su primera sonrisa: se trata de una manifestación real de su satisfacción al sentirse identificado con el rostro que mira. Muchos bebés sonríen mientras duermen y, este caso, es la manifestación del momento en el que pasa de una fase de sueño más ligera a otra más profunda.

✔ Uno de los logros más importante de esta etapa es cuando, tumbado boca abajo, es capaz de levantar la cabeza durante algunos segundos. Su cabeza aún está un poco desproporcionada y pesa mucho, pero poco a poco su cuello se va fortaleciendo.

✔ También emite sonidos guturales (sobre todo con las vocales "a" y "e").

✔ Al final de este mes puede aparecer lo que se conoce como cólico del lactante, una dolencia leve cuyo origen concreto aún no está determinado y que puede hacer que el niño más plácido y tranquilo se convierta en un bebé irritable a última hora de la tarde. Mecerle, darle un paseo en brazos o masajear su abdomen son actitudes que le calman.

Cómo estimularle a esta edad

✔ El bebé de un mes suele mantener las manos cerradas; darle un suave masaje o frotar sus palmas con un suave movimiento circular le ayudará a abrirlas.

✔ Colocarle cosas y objetos de diferentes texturas, formas y tamaños en las manos, para que vaya ejercitando la función de agarre.

✔ A esta edad ya comienza a seguir un objeto unos 90 grados. Un buen método para estimularle a fijar la vista es colgar en su cuna muñecos, telas o pelotas.

✔ Y, sobre todo, hablarle mucho: el recién nacido reconoce la voz de su madre entre todas las demás (no en vano, antes de nacer, ya llevaba nueve meses escuchándola...).

11
El niño de dos meses

El bebé está mucho más activo, patalea y mueve las extremidades. Pasa más tiempo despierto y sus horarios comienzan a ser más regulares. Empieza a responder a sonidos y palabras con una sonrisa y también a seguir los objetos con los ojos.

El dato

Los estudios sobre estimulación infantil han demostrado que el número de actividades a las que el niño es capaz de entregarse depende en gran medida de las condiciones en las que vive. Cuando pasan cosas a su alrededor y está rodeado de objetos, tiene más posibilidades de ser activo que en ambientes poco estimulantes o en los que no se le ofrecen oportunidades de reaccionar. Es por eso que se recomienda que los bebés se integren cuando antes en el ambiente del hogar, ruidos y luces incluidos.

✔ Ahora, el bebé ya es capaz de mantener la cabeza recta durante algunos segundos (aproximadamente 45). Es lo que los expertos denominan sostén cefálico, lo que le permite sujetar la cabeza y que supone un paso importante porque ésta es la base para luego sentarse y, además, le permitirá levantar la cabeza cuando esté acostado y, por lo tanto, no sofocarse.

✔ Extiende los brazos, que antes mantenía siempre flexionados y los agita, sobre todo cuando ve algún objeto de colores vivos o brillantes cerca de él.

✔ Las muecas comienzan a ser un gesto frecuente, ya que su expresividad es ahora mayor.

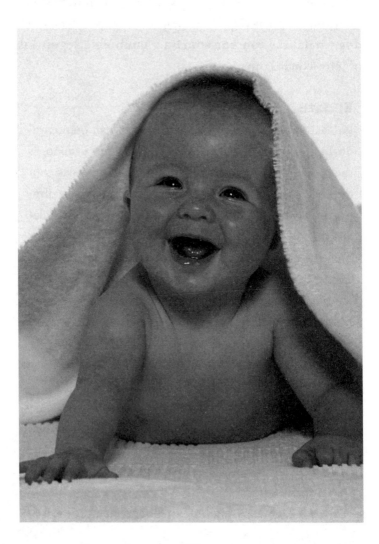

✔ Es capaz de seguir con la mirada algún objeto que la madre sostenga en las manos en una trayectoria de 180 grados.

✔ Empieza también ahora lo que será una constante a lo largo de los primeros meses de vida: la imitación. El bebé de dos meses tiende a imitar a sus padres o cuidadores y, cuando estos hablan, mueve los labios y empieza a emitir vocales (la "e", la "o", la "a"). Según los expertos, estas "primeras palabras" son la manifestación de su estado de bienestar.

✔ Poco a poco va despareciendo el reflejo de marcha, mientras que el de prensión ya está muy ralentizado.

✔ Y, también ahora, puede empezar a dar muestras de su temperamento, llorando furiosamente cuando siente rabia o está enfadado.

Como estimularle a esta edad

✔ Sujetar un juguete a unos 25 cm de su cara y moverlo de un lado a otro.

✔ Acunarlo con frecuencia, mientras se le habla o se le canta suavemente una nana.

✔ Ponerle en su cuna un móvil con muñecos o dibujos grandes: se quedará fascinado mirándolos en sus periodos de vigilia.

✔ Para entrenarle en el logro de levantar la cabeza y mantenerla alzada cada vez más tiempo, se le puede someter a la siguiente mini-tabla de gimnasia: colocar las manos bajo su pecho (con las palmas contra éste) y alzarlo entre cinco y ocho centímetros, de manera que no toque el suelo. Para ayudarle, se le pueden presionar suavemente las nalgas y acariciarle la espalda, desde el cuello a las caderas.

12
El niño de tres meses

Ya es todo un personaje que "habla" su particular idioma (arrullos, ajos…) y al que no le gusta estar solo. Llora sus primeras lágrimas "de verdad" y se ríe ya con carcajadas.

El dato

Los expertos son unánimes al recomendar que desde el primer momento se le hable al bebé, contándole todo lo que se hace con él (cuándo se le cambia, en el baño, al darle de comer, al salir de paseo…). Lo mejor es utilizar un lenguaje lo más simple posible para describir las actividades cotidianas, y remarcando determinadas palabras clave: "baño", "biberón", "contento", "calle"…

✔ Pasa mucho más tiempo despierto y activo y puede mantenerse boca abajo sin riesgo, ya que es capaz de sostenerse sobre los antebrazos.

✔ Respecto a esto, los neuropediatras y los especialistas en desarrollo infantil insisten en lo importante que es dejar al bebé boca abajo a partir de esta edad prácticamente durante todo el tiempo que esté despierto y atendido, ya que de esta forma refuerza la espalda, base para sentarse y luego ponerse en pie; activa el movimiento de manos y brazos; le estimula a reptar y luego a gatear, etc.

✔ Cuando está tumbado boca arriba, juega con sus manos, las mira y se las lleva a la boca.

✔ Es capaz de sujetar un juguete durante más tiempo y lo

agita, buscando con los ojos la fuente del sonido. Si se le coge de las manos tiene un mejor control del cuello.

✔ Reconoce perfectamente a sus padres y en reposo mantiene sus manos abiertas.

✔ Ya empieza a murmurar cuando se le habla, y si se le dirige la palabra y se le sonríe a la vez, se mueve vigorosamente.

Cómo estimularle a esta edad

✔ Dejarlo boca abajo (siempre con vigilancia) sobre una manta con diversos juguetes a su alcance, y cambiarlos a menudo.

✔ Colocarlo boca arriba, con los pies dirigidos hacia el padre o la madre, y mostrarle un juguete de colores intensos, agitándolo frente a él, a unos 40 centímetros de sus ojos, para que pueda seguirlo de izquierda a derecha y viceversa.

✔ Cuando esté tumbado boca abajo, situarle de forma que mire al centro de la habitación, que es dónde suele concentrase la actividad y ocurrir las cosas que pueden resultar más interesantes para él.

✔ Colocar a su alcance varios juguetes de colores intensos. Con ello se estimula lo que se llama "reflejo de excitación", que se expresa con vivos movimientos en todo el cuerpo, en especial los brazos, a la vez que supone un excelente entrenamiento para asir objetos con fuerza.

Elizabeth Doodson

13
El niño de cuatro meses

Ya es capaz de manifestar sus estados de ánimo: el llanto cuándo algo le incomoda y los grititos para manifestar su alegría. Su interacción con el entorno es cada vez mayor.

El dato
Si bien el reflejo innato de fuerza de presa con la que agarra los objetos se debilita en el tercer mes, en el cuarto aumenta de nuevo hasta el punto de que el niño es capaz de asirse a los dedos de los padres cuando está tendido e incorporarse hasta quedar sentado.

✔ Cada vez adquiere mayor control sobre su cuerpo y es capaz de rodar y dar vueltas sobre sí mismo, así que no hay que dejarlo solo nunca.

✔ Reconoce las caras familiares (además de la de la madre) y, cuando está en compañía de otras personas, demuestra su alegría pataleando, sonriendo y emitiendo sonidos.

✔ Su visión global cada vez se aproxima más a la del adulto; puede percibir objetos a distancias variables, y también de percibir pequeños detalles.

✔ Se gira hacia las voces. Según los expertos, esta reacción a la voz es un hito muy importante en su desarrollo, así que si se observa que el niño no realiza este gesto ahora o pocas semanas más tarde, se recomienda comentarlo con el pediatra.

✔ Asimismo, es capaz de mover los dos brazos a la vez hacia

un mismo objeto y muestra interés por las imágenes que se reflejan en un espejo.

✔ En cuanto al lenguaje, los niños de su edad cuentan ya con una amplia gama de sonidos. Utilizan mucho la vocal "u" unida a otras como la "a" y consonantes como la "p", la "b" y la "m". También ahora empiezan a ser muy sensibles a los cambios de entonación.

Cómo estimularle a esta edad

✔ Ponerlo todos los días durante unos minutos debajo de uno los "gimnasios multiactividades" adaptados a esta edad.

✔ Colocar en el agua del baño juguetes con los que pueda divertirse y que se pueda llevar a la boca sin riesgo alguno.

✔ Acostarlo de espaldas y tenderle los dedos índices de la mano; cuando los agarre, tirar de él ligeramente. Esto le obligará a levantar la cabeza, llevar la barbilla hacia el pecho y, al mismo tiempo, flexionar los brazos y extender las piernas.

✔ Mostrarle alguno de sus objetos favoritos y moverlo hacia sus pies; al intentar seguirlo con la vista, levantará la cabeza llevando la barbilla hacia el pecho.

✔ Hablar mucho con él y, cada vez que se ría o emita sonidos de alegría, recompensarle con una sonrisa.

14
El niño de cinco meses

Cada vez adquiere más maestría en el "arte" de girarse y su repertorio vocal va en aumento (emite con frecuencia muchos *oh-oh* y *ah-ah*). Sus inquietudes exploradoras también van a más.

El dato

Los juguetes sonoros desempeñan un papel fundamental en este momento de su desarrollo, ya que le permiten reaccionar ante la relación acto-efecto. Al principio los apretará accidentalmente, y estos emitirán sus soni-

dos propios, pero después de varios "éxitos por casua-
lidad" terminará por relacionar su participación en el
sonido que escucha, lo que le produce una agradable
sensación de triunfo.

✔ Cada vez se muestra más efusivo al manifestar sus emociones (pide de forma obvia a su madre que lo coja en brazos).
✔ En cuanto a su alimentación, al final de este mes ya está
listo para la incorporación de alimentos sólidos en su dieta.
✔ Con ayuda, esto es, apoyando ambas manos delate o sujetándose en cojines, ya es capaz de empezar a mantenerse
sentado.
✔ Un hallazgo importante: descubre sus pies como parte de
su cuerpo: se los coge, juega con los dedos e incluso se los
chupa (en este momento es muy flexible, y puede mantener esta postura durante un tiempo).
✔ A esta edad aprende a alcanzar con precisión los objetos
y a manipularlos. Este logro permite a su vez desarrollar
la coordinación de la vista, el tacto y el movimiento y sienta las bases para la percepción de la profundidad, de las
propiedades físicas de los objetos y muchas otras características (forma, tamaño, superficie, peso).
✔ También en este momento es capaz de distinguir ligeramente entre las gamas de distintos colores (por ejemplo,
los tonos pastel).

Cómo estimularle a esta edad

✔ Proporcionarle juguetes de distintas tonalidades de colores.
✔ Introducir los juegos derivados del escondite, como el

cú-cú tras y las actividades basadas en esconder y encontrar objetos.

✔ Enseñarle a usar las manos a través del juego: tomarle suavemente por las muñecas y acercarle las manos una hacia la otra, hasta que se toquen; mover lentamente un objeto que le resulte interesante frente a él, siempre cerca de sus manos, para incitarle a agarrarlo...

15
El niño de seis meses

Su ritmo de crecimiento, muy rápido hasta este momento, es ahora más lento. A esta edad, a muchos ya le han empezado a salir los dientes, lo que puede producirle molestias que les hacen mostrarse especialmente irritables.

El dato

En este edad comienzan a establecerse lo que los expertos denominan "contactos sociales activos" del niño y cuya primera manifestación se produce cuando el bebé procura atraer la atención hacia sí mismo emitiendo un sonido o tocando a su madre, esperando a ver cómo reacciona ella ante sus avances.

✔ A esta edad, muchos niños ya son capaces de sentarse solos, lo que supone uno de los logros más importantes en este periodo.

✔ Tumbado boca abajo, es capaz de apoyarse sobre el tronco y mover ambas manos.

✔ También ha perfeccionado su técnica de agarre: no se limita a tocar un objeto o juguete que se le pone delante sino que coge aquello que le interesa.

✔ Empieza a mostrarse interesado por determinados objetos y es capaz de cogerlos, es decir, comienza a poner la mano donde pone el ojo (coordinación visomotora).

✔ En este momento empieza a pronunciar bilabiales: papa; ma-ma (las repite una y otra vez) y, también, comienza a entender el significado de determinadas palabras. Si, por ejemplo, se le dice "papá", mirará en dirección a su padre.

Cómo estimularle a esta edad

✔ Ofrecerle cubos y bloques de construcción para que los pase de un mano a otra o los golpee entre ellos.

✔ Ponerle móviles o cualquier objeto colgando para que se entrene en "cazar al vuelo".

✔ Sentarse con él en las rodillas frente a una mesa para realizar distintas actividades: palpar el borde (que es el primer gesto que suelen hacer los bebés en esta situación); dar palmadas sobre ella con las dos manos y, después, enseñarle a palmear alternativamente con la mano derecha e izquierda, para que el niño repita este gesto por imitación.

16
El niño de siete meses

Ya ha iniciado el camino para ponerse de pie: sostiene gran parte de su peso con las piernas. También es capaz de distinguir entre distintas tonalidades de voz, de ahí que se eche a llorar si se le regaña.

El dato

Tal y como explica el doctor Jaroslav Koch, en este momento el desarrollo del niño no necesita ser estimulado de manera tan directa o con tanta intensidad como en los primeros seis meses. "Basta con asegurarle las oportunidades y posibilidades de autodesarrollo suficientes y con canalizar, apoyar y motivar estas actividades."

✔ A esta edad, el niño coge los objetos con toda la mano, pero sin usar casi el pulgar, y, también, es capaz de pasarlo de una mano a otra.

✔ Además, se lo lleva todo a la boca y chupa los objetos. Contrariamente a lo que hacen los padres, que es quitárselos de la boca de forma casi instintiva, los expertos defienden este gesto ya que chuparlos le ayuda a hacerse una imagen mental de ellos.

✔ También ahora repite sílabas bien definidas, a las que otorga su propio "significado".

✔ Está muy interesado en todo lo que le rodea y reclama la presencia constante de su madre. Y es que a partir de este momento empieza a ser consciente de que es una perso-

na diferente a su progenitora (hasta ahora había una sim-
biosis, la veía como parte de él y por eso no la echaba
tanto de menos). Por eso ahora empieza a extrañarla y se
inicia una época en la que está más intranquilo y es posible que incluso duerma peor.

✔ En cuanto a su desarrollo psicomotor, la mayoría de los bebés consiguen girar sobre su propio eje y algunos incluso ya pueden arrastrarse y gatear.

Cómo estimularle a esta edad

✔ A los siete meses ya se puede introducir como ritual nocturno mirar con él un libro ilustrado.

✔ Sentarlo en una hamaca o trona en una zona de la casa en la que haya animación y cambiarle periódicamente de orientación, para que observe el ambiente desde distintas perspectivas.

✔ Seguir jugando con él al cu-cu-trás y otros juegos derivados del escondite.

✔ Repetir las sílabas que el niño pronuncia para animarle a que las vuelva a decir.

17
El niño de ocho meses

Muchos niños alcanzan a esta edad uno de los hitos más importantes de esta etapa de desarrollo: consiguen permanecer sentados. Ello, unido al creciente interés por todo lo que le rodea, supone una exposición constante a un buen número de estímulos.

El dato

Con frecuencia, un niño de ocho meses llama la atención hacia sí mismo vocalmente, tendiendo los brazos o gateando

> hacia las personas. Empieza también a comprender el juego
> del escondite y a diferenciar entre sus relaciones.

✔ A esta edad, las dotes exploradoras del bebé alcanzan un punto álcido: va hacia todo aquello que despierta su interés y está en continuo movimiento.

✔ Además, puede sentarse solo cada vez mejor y se desenvuelve perfectamente estando sentado. La mayoría de los niños de ocho meses alcanzan la sedestación oblicua: pueden girarse a la izquierda y a la derecha e inclinarse hacia un lado apoyados en una mano.

✔ Los balbuceos y las sílabas del mes anterior ya se convierten en palabras concretas: dice "papá" (generalmente primero) y "mamá", de forma reiterada, es decir, no los llama, sino que repite una y otra vez ambas palabras, "practicando".

✔ Algunos se aventuran ya a iniciar sus primeros "desplazamientos". Hacia los 8-9 meses muchos niños pueden empezar a dar pasos sujetos de las manos. También en este periodo, muchos se desplazan sujetándose a un mueble o agarrados al borde del parque, dando pasos laterales.

✔ Desde el punto de vista de la emotividad, hay que tener en cuenta que a esta edad la mayoría de los niños empiezan a mostrar ansiedad ante personas desconocidas.

Cómo estimularle a esta edad

✔ Celebrar con él y felicitarle cada vez que diga una palabra "con sentido" (a esta edad las habituales son "papá" y "mamá" y otras como "aba", que suele significar "agua").

✔ Ponerlo a jugar solo en un lugar seguro, en posición sentada, y colocar alrededor juguetes a distinta distancia, ya que le encanta cogerlos aunque estén fuera de su alcance.

✔ Facilitarle cajones que vaciar o habilitar algún estante para que quite y ponga juguetes u otros objetos.

✔ Bailar con él alguna pieza de música divertida, para entrenar su equilibrio y el dominio corporal.

18

El niño de nueve meses

A esta edad, el niño empieza a utilizar los objetos para apoderarse de otros (por ejemplo, tira del mantel para atraer hacia sí algo que hay encima de él), lo que significa una expresión del pensamiento: ya ha aprendido la relación causa-efecto, a la que saca el partido a través del juego diario.

El dato

Es posible que a esta edad, debido a lo activo que está y a la cantidad de estímulos que recibe a lo largo del día, el bebé duerma menos durante el día, y que su siesta dure de una a dos horas. También es frecuente que no duerma durante la mañana. Por el contrario, el sueño nocturno ya es muy regular, con una media de 12 horas.

✔ Es normal que los niños de esta edad se pongan continuamente de de pie en la cuna, agarrado al borde; y también que disfruten tirando objetos al suelo y comprobando el ruido que hacen. Todo su entorno es una fuente constante de estímulos de los que ahora saca todo el partido.

✔ La mayoría ya ha comenzado a gatear y este gesto, además de suponer un importante ejercicio a nivel neuronal, es la base para que luego eche a andar correctamente.

✔ También ahora, y bien sujeto, es capaz de sostenerse de pie durante bastante tiempo.

✔ Otro logro importante a esta edad que hace la pinza: empieza a usar el pulgar, primero con toda la mano, y poco a poco irá adquiriendo más destreza en este sentido.

✔ Asimismo, es capaz de resolver problemas sencillos de desviación; si se coloca un obstáculo entre él y un juguete, primero tratará de coger el juguete a través del obstáculo, pero enseguida aprenderá a sortearlo para llegar hasta el objeto.

✔ Y no pierde detalle: es más constante en su interés por las cosas y se puede decir que es ahora cuando realmente empieza a jugar y a disfrutar con el juego.

Cómo estimularle a esta edad

✔ Dejarlo en el suelo un rato todos los días, para fomentar que gatee.

✔ Ofrecerle cubos que pueda apilar y guardar uno dentro de otro.

✔ Elaborar circuitos improvisados, con obstáculos cada vez más difíciles de sortear.

✔ Esconderle cosas pequeñas debajo de un cojín para que las descubra y luego vuelva a cogerlas.

✔ Se pueden hacer los primeros intentos de empezar a dibujar junto a él.

19
El niño de diez meses

Esta etapa se caracteriza por el elevado grado de autonomía que el niño ha alcanzado: se desplaza a gatas, sostiene el biberón y es capaz de incorporarse solo. Sin embargo, a nivel afectivo, sigue siendo muy dependiente.

El dato

El doctor Jaroslav Koch recomienda ofrecer al niño de esta edad todos los juegos y actividades que le permitan el desarrollo de los movimientos delicados de las manos. "Este tipo de movimiento son los mejores indicadores de una actividad intelectual y de una experiencia crecientes."

✔ A esta edad, ya reconoce su nombre cuando se le llama y, también, los nombres de las personas más habituales en su entorno.

✔ También empieza a entender el "no". Al principio, suele responder quedándose quieto y mirando a la persona que se lo ha dicho para, después, enfadarse.

✔ Otro logro importante en este momento es que es capaz de decir adiós con la mano, imitando a los adultos.

✔ Poco a poco va ampliando la gama de sus experiencias sociales, expresando un interés creciente por las actividades de los adultos y buscando establecer contacto con ellos.

✔ Si le se pregunta "¿a ver cuánto quieres a mamá?" o "hazle un mimo a papá", reacciona realizando una caricia o echando los brazos al cuello de sus progenitores.

✔ Una de las actividades con las que más se divierte ahora es con los juegos de imitación: no tardará en imitar y reproducir todo aquello que llame su atención.

✔ Asimismo, le gustan las cancioncillas infantiles y puede nombrar a una persona o una imagen si las reconoce, por ejemplo, en una foto.

✔ Es también capaz de comer él solo alimentos como galletas, queso o cualquier otro alimento que pueda aplastar con las encías.

Cómo estimularle a esta edad

✔ Fomentar los juegos de imitación, como dar palmas y hacer señas, ya que estimulan su concentración.

✔ Introducir opciones nuevas de juegos como, por ejemplo, las marionetas.

✔ Cantarle canciones y contarle cuentos en los que él sea el protagonista.

✔ Ofrecerle juegos y juguetes basados en la manipulación de varios objetos.

✔ Enseñarle álbumes de fotos familiares: disfrutará al identificar caras conocidas.

20
El niño de once meses

Ha desarrollado y hace ostentación de su propia voluntad, lo que le lleva a expresar gustos y rechazos de forma clara. El nivel de su destreza manual es muy elevado.

El dato

En los últimos tres meses del primer año aparece en el bebé un grado más elevado de emociones. El niño expresará su apego aferrándose a la ropa de su madre, apretándose contra ella, buscando su protección, abrazándola o dándole un beso cuando se lo pide. Empieza también a volverse cariñoso con sus juguetes, con los animales y con los otros niños.

✔ A los once meses la mayoría de los niños gatean muy bien y se mantienen de pie con soltura. También, manipulan e investigan mejor los objetos, cogiéndolos con las manos.

✔ Alrededor de esta edad puede empezar a interaccionar dando y cogiendo cosas. Desarrolla una actividad intensa y sus ansias exploradoras reciben un gran impulso.

✔ Descubre el placer de ofrecer objetos a otros, sobre todo a su mamá, y al principio, se muestra reticente a soltarlos.

✔ Se intensifica el desarrollo de su sociabilidad. Ha descubierto a los otros niños y le gusta estar en su compañía aunque no "juega" realmente con ellos.

✔ Es capaz de coger la cuchara con la mano y disfruta imitando la forma de comer del resto de la familia.

✔ Permanece despierto más tiempo y sus necesidades en cuanto a la alimentación varían: por lo general, hace tres comidas principales y dos ligeras.

Cómo estimularle a esta edad

✔ Darle de comer solo en la mesa, y empezar a enseñarle a llevarse la cuchara a la boca y a beber en un vaso por sí solo (lo mejor es utilizar para ello los vasos adaptados que ofrecen las distintas firmas de puericultura).

✔ Lanzarle una pelota blandita e instarle a que la devuelva.

✔ Levantar una torre de cubos (cuanta más variación de colores tenga, mejor) y animarle a que la derribe.

✔ Enseñarle a sentarse en un escalón.

21
El niño de doce meses

Todos sus sentidos están ya desarrollados al máximo y se muestra muy receptivo a todo lo que ocurre en su entorno: cada vez que se le habla, aprende nuevas palabras. Su grado de desarrollo es óptimo y ya empieza a adoptar una serie de hábitos fijos.

El dato

El niño de un año empieza a imitar de forma consciente (no instintiva o repetitiva) todo lo que le rodea. Al principio, se limitará a imitar ciertos movimientos aislados que le interesan en particular y, según los expertos, el grado en que imite al final del primer año y durante el segundo depende de la estimulación que reciba de su entorno. Si tiene muchas oportunidades de observar a los seres humanos, los animales y las máquinas, adquirirá un amplio repertorio de movimientos imitativos.

✔ Se puede decir que cuando celebra su primer cumpleaños el niño ha llegado a un nivel importante de perfeccionamiento y ha alcanzado un buen número de los hitos importantes en su desarrollo: es capaz de superar obstáculos, aprende a sentarse a la mesa en una silla, puede estirarse apoyándose en un mueble, sujetarse en una sola pierna y levantarse cuando está de rodillas o sentado en medio de una habitación, sin ningún apoyo.

✔ En este momento, la mayoría de los niños empiezan a

caminar... de verdad. Alrededor de esta edad suele comenzar a caminar suelto, dando pasos sin estar agarrado a un adulto. Es normal que al principio se muestre inseguro y, también, que se caiga.

✔ Se convierte en un "explorador minucioso". Según los expertos, un logro importante a esta edad es que empieza a hacer la pinza con dos dedos ("coger miguitas").

✔ Y es un lector en potencia. Ya empieza a reconocer objetos y fotos en dibujos y, también, a señalar. Asimismo, es capaz de decir palabras con sentido, ahora ya de una forma muy clara (papá, mamá, agua...).

Cómo estimularle a esta edad

✔ Animarle a que pase las páginas de un libro de cartón, con dibujos en relieve y un poco de texto.

✔ Dejarle hacer el mayor número de cosas solo: comer, ponerse crema, subirse a la sillita...

✔ Siempre bajo vigilancia (para que no se los lleve a la boca), ofrecerle juguetes pequeños para que los coja.

✔ Jugar con él a llenar y vaciar una caja con distintos compartimentos.

22
El niño de 18 meses

Es capaz de comer con tenedor, aprende a decir "no"… y, también, a utilizarlo cada vez más; y se encuentra en uno de los periodos más intensos en lo que al desarrollo del lenguaje se refiere.

El dato

A partir del año y medio muchos niños empiezan a cambiar sus patrones de alimentación. Los expertos señalan que se trata de algo normal, ya que a esta edad el ritmo de desarrollo es más lento que durante el primer año.

✔ Su capacidad verbal está un momento álcido de desarrollo: puede utilizar entre 10 y 15 palabras sueltas; imita palabras y sonidos cada vez con más frecuencia y puede empezar a "cantar" melodías sencillas.

✔ Además, escucha correctamente y discrimina los sonidos; señala y hace gestos de forma conjunta para expresar sus necesidades y cumple órdenes simples.

✔ Habla, comprende y manifiesta de forma visible su alegría ante los logros conseguidos.

✔ Muchos niños ya empiezan a decantarse por lo que los expertos denominan "objeto sustituto", esto es, un juguete (generalmente un osito) u objeto (una mantita, un calcetín) con el que siempre se va a la cama y que le aporta una sensación de seguridad.

✔ También en esta etapa descubre su entorno y la naturale-

za. Asimismo, comienza a jugar e interaccionar con sus compañeros u otros niños del parque, aunque estas relaciones no son siempre armónicas: los pellizcos, los mordiscos y los tirones de pelo son frecuentes.

✔ Si se le da la mano, es capaz de subir y bajar escaleras. Se agacha para recoger un objeto, levantándose con facilidad. Incluso es capaz de chutar un balón sin caerse.

✔ Inicia los primeros juegos simbólicos (a piratas, a princesas...)

Cómo estimularle a esta edad

✔ Ponerle en contacto con la naturaleza siempre que sea posible, no limitándose sólo a pasear sino enseñándole los nombres de los árboles, de las flores; reparando en la presencia de los distintos animales, dedicando tiempo a observarlos…

✔ Pasear con él de la mano e incluir en el recorrido zonas con escalones, para que los suba y los baje.

✔ Hacer que escuche música con frecuencia y animarle a bailar.

✔ Cuando señale algún objeto o persona, reafirmarle en voz alta de qué o quién se trata ("Sí, es la abuela"), para, de esta forma, potenciar la conexión entre palabras y conceptos.

✔ Darle instrucciones cortas y sencillas, del tipo "coge tu juguete", para favorecer el desarrollo de su autonomía.

23
El niño de dos años

Es prácticamente autónomo y se encuentra en la fase de máximo apogeo motriz. Y la mayoría, a esta edad, ya consigue otro de los hitos de la primera infancia: el control de esfínteres.

El dato

Se estima que alrededor del 85 por ciento del crecimiento cerebral del bebé tiene lugar antes de su segundo cumpleaños y también, que a esta edad aprenden una media de 16 palabras al día.

✔ "No para quieto ni un minuto": esta suele ser la queja común de la mayoría de los padres con niños de esta edad.

Y es que a los 24 meses el bebé salta, trepa, corre, sube y baja escaleras... y todo ello en muy poco espacio de tiempo.

✔ Sin embargo, y pese a esa autonomía psicomotora, aún es muy dependiente de su madre, reclama continuamente su presencia y se angustia si pasa mucho tiempo sin verla.

✔ Muchos de ellos son capaces de señalar varias partes de su cuerpo.

✔ Su nivel de vocabulario se dispara y empieza a construir frases sencillas, utilizando verbos (quiero agua). Se refiere a sí mismo por su nombre, como "nene" o de la forma en la que le llamen en familia.

✔ Es frecuente que utilice las mismas palabras para denominar objetos similares. Por ejemplo, "perro" o "guau" para referirse a todos los animales domésticos o de cuatro patas.

✔ Los números ya forman parte de su vocabulario, y muchos pueden contar hasta cuatro.

✔ Los cubos y las construcciones son ahora sus juguetes preferidos, y es capaz de hacer torres manejando hasta 8 cubos.

✔ Aunque cada niño tiene su ritmo en este sentido y los expertos aconsejan siempre respetarlo al máximo, a esta edad muchos de ellos ya son capaces de controlar esfínteres, lo que supone uno de los logros más importantes en el desarrollo infantil de los primeros años.

Cómo estimularle a esta edad

✔ Fomentar la enseñanza de los colores con cuentos, canciones o, simplemente, mostrándoselos en los paseos por la calle. Muchos niños de esta edad ya conocen dos o cuatro colores.

✔ Animarle a que se vista solo, eso sí, facilitándole prendas sencillas.
✔ Ofrecerle la oportunidad de jugar al aire libre y en espacios abiertos, donde pueda realizar ejercicio físico, ya que la presencia de otros niños le sirve de estímulo.
✔ Los libros y actividades destinados a aumentar su vocabulario son fundamentales en esta etapa.
✔ Animarle a que se exprese y dejar que lo haga libremente, aunque no pronuncie determinadas palabras correctamente.

24
El niño de tres años

Se puede decir que el niño ya es plenamente autónomo y, además, comienza a "plantar cara" a sus padres, como reacción a los límites y demandas que estos empiezan a establecer. Tanto su psicomotricidad como su parcela cognitiva han alcanzado un nivel muy alto de desarrollo.

El dato

En torno a los tres años la mayoría de los niños viven un peculiar periodo de "rebeldía", que muchos expertos no han dudado en denominar la "adolescencia de la infancia". Las rabietas y las pataletas son frecuentes, pero en la mayoría de los casos se trata de una actitud pasajera.

✔ El niño de tres años ya es todo un "personaje" que descubre el entorno familiar y se integra en él. Se siente plenamente identificado con el rol que desempeña en el seno de su familia. Es normal que a esta edad les guste colaborar en las tareas del hogar.

✔ Su curiosidad se exacerba; habla con fluidez y hace preguntas con frecuencia (está en plena edad del "¿por qué?")

✔ Ya posee una mayor habilidad física y sus gestos son muy precisos: corre, sube y baja escaleras sin ayuda y es capaz de sostenerse con un solo pie durante unos segundos.

✔ A través del juego, revela sus sentimientos. Además, el juego social ya está muy desarrollado y comparte su ocio con otros sin problema.

✔ Pueden aparecer los primeros miedos y pesadillas nocturnos, motivados en parte porque sus vivencias ahora son mucho más intensas y, por tanto, su mundo onírico también los es.

✔ Ya es capaz de montar en triciclo, una actividad que a su vez le abrirá la puerta a nuevos estímulos.

Cómo estimularle a esta edad

✔ Responder siempre a sus preguntas, a ser posible con respuestas razonadas.

✔ Introducir los puzles en su repertorio de juguetes, aumentando el grado de dificultad, para que él poco a poco vaya descubriendo el reto de ir superándose.

✔ Encargarle alguna tarea del hogar "adaptada" a su edad (ordenar las cucharas y los tenedores, por ejemplo).

✔ Animarle a disfrazarse o a hacer obras de teatro caseras, ya que a esta edad le gusta hacer representaciones, combinando las acciones con las palabras.

PARTE III:
SUS CINCO SENTIDOS, CLAVE EN SU DESARROLLO INTELECTUAL

25
Peculiaridades de su mundo sensorial: sus reflejos

Cuando nace, el bebé viene "dotado" de una serie de reflejos que son indicativos de su bienestar. Muchos de ellos se debilitan o desaparecen a medida que el niño crece, mientras que otros permanecen y son los principales receptores de los estímulos que se le ofrecen al niño.

El dato
La estimulación de los bebés, sobre todo durante los primeros meses de vida, aprovecha los reflejos innatos que presenta el recién nacido con el objetivo de activarle: al tocar su mano abierta, cierra el puño; si se le roza el labio, empieza a succionar...

✔ El sistema nervioso del recién nacido está dotado de una serie de reflejos innatos que garantizan una situación neurológica óptima.

✔ Uno de los más llamativos para los padres es el reflejo de

Moro o del abrazo, por el que el niño, ante un movimiento o vibración repentina o a causa de un ruido fuerte, levanta las manos lateralmente con los dedos abiertos para luego volverlas a colocar, con el puño cerrado, sobre el pecho o a ambos lados de su cabeza.

✔ El reflejo de succión o deglución es el que le hace succionar todo aquello que se le pone en la boca y que, por tanto, le permite alimentarse, de ahí que sea clave para su supervivencia.

✔ El llamado reflejo de marcha automática se manifiesta cuando se sujeta al bebé por las axilas, manteniendo sus pies sobre una superficie firme. El niño hace movimientos de marcha, pero no se puede considerar como unos "primeros pasos" propiamente dichos, sino que se trata de una acción refleja que se produce al contacto de la planta de sus pies con la superficie.

✔ El reflejo de prensión palmar aparece cuando se pone un dedo en la mano del bebé y este lo agarra. Lo curioso es que al intentar soltar el dedo, el agarre es aún más fuerte.

✔ Otro reflejo "de nacimiento" es el de buceo, que hace que los pulmones se cierren y no pueda entrar agua cuando el bebé está sumergido. Este reflejo desaparece entre los tres y los seis meses.

La necesidad de entrenarse

Tal y como explica el doctor Jaroslav Koch, el recién nacido no es consciente de que tiene brazos, piernas u órganos sensoriales ni tampoco de que existe algo más fuera de sí mismo. No puede utilizar sus miembros ni sus órganos y no comprende el significado de las señales que le llegan a través de los sentidos. Está dotado de un mecanismo neuromuscular mínimo, los reflejos, que aseguran su supervivencia, pero para aprender a utilizar su cuerpo y establecer contacto con el mundo exterior necesita salir gradual y suavemente de su estado de inhibición y que se le active. Y aquí el papel de los padres es determinante.

26
Cómo interpretar sus reacciones

Tan importante como ofrecer al niño los estímulos más adecuados a cada uno de sus sentidos es hacerlo de la forma adecuada, de ahí la necesidad de estar pendiente en todo momento de las reacciones del niño y adecuarse a ellas.

El dato

"A la hora de estimularle cada niño reacciona a su modo frente a las diversas situaciones. Fíate de tu propia facultad de observación y de razonamiento. Al fin y al cabo, nadie conoce a tu hijo mejor que tú. Si le tratas con sensibilidad, ambos disfrutareis con los juegos, y el pequeño tendrá menos tendencia a llorar."

Dr. Jaroslav Koch en su libro *Superbebé*.

✔ El doctor Jaroslav Koch, auténtico artífice de los métodos de estimulación infantil, explicó la importancia de observar y vigilar constantemente al bebé cuando se juega con él, y explica, a modo de guía, cuáles son las reacciones infantiles típicas que pueden indicar si la actividad o el estímulo ha tenido un efecto positivo o negativo en el niño.

✔ Desde el punto de vista de la mímica, el efecto positivo se expresa a través de la risa, la sonrisa y, en general, una expresión complacida. Sin embargo, el ceño fruncido, los sollozos y el comienzo del llanto indican que la experiencia está siendo negativa para el niño.

✔ En cuanto a sus expresiones motoras, los movimientos vivos, combinados con expresiones positivas y el deseo de cooperar indican que el niño lo está pasando bien, mientras que la falta de cooperación, el desasosiego, la pasividad y una actitud a la defensiva deben interpretarse como que el niño no está motivado.

✔ También es muy importante tener muy claros cuáles son los signos inequívocos de que el niño está cansado: se frota los ojos, bosteza, tiene la zona de los ojos y las cejas enrojecidos, mueve mecánicamente la cabeza de un lado a otro y vuelve a hacer cosas típicas de meses anteriores. En este caso, hay que interrumpir el juego o actividad y hacer lo posible para que el niño se sienta cómodo.

Guía básica de estímulos adaptados

Las distintas facetas que componen el desarrollo del conocimiento pueden potenciarse si al niño se le ofrecen los estímulos más adecuados a su edad a través de los juegos y juguetes:

✔ Para la atención y la memoria: juegos de mesa y construcciones.

✔ Para la creatividad y la inventiva: construcciones y actividades que incluyan el dibujo.

✔ Para el sentido musical: juguetes sonoros e instrumentos musicales adaptados a su edad.

✔ Para la posición espacial: triciclos y juegos de arrastre.

27
El tacto: la importancia de las caricias

Al nacer, el bebé tiene plenamente desarrollado el sentido del tacto. Y es que ya en el útero materno, su habilidad para percibir a través de la piel se ha ido acrecentando progresivamente, lo que le permite investigar ese universo acuático en el que se halla inmerso y, al mismo tiempo, desarrollar su coordinación y fuerza.

El dato

Numerosas investigaciones han demostrado que proporcionar al niño caricias de manera continuada favorece su desarrollo físico, psicomotor, afectivo e inmunológico. Además, y a través del tacto, la madre aprende a descifrar las necesidades de su hijo.

✔ El sentido del tacto es el primero en desarrollarse, a través de pequeños receptores sensitivos situados en la piel. De hecho, en el feto, la primera señal de sensibilidad aparece alrededor de las siete semanas y en una zona muy determinada: alrededor de la boca.

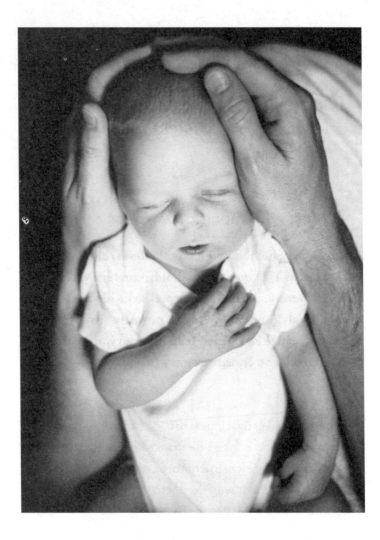

✔ Ya en el sexto mes, el feto es cada vez más sensible a los estímulos del exterior y se mueve con la luz, los sonidos o las presiones sobre el abdomen.

✔ Cuando nace, este sentido ya está plenamente desarrollado, y su sensibilidad está concentrada sobre las estimulaciones cutáneas y será por la piel, y sobre todo por la boca, por donde establecerá su primer contacto con el mundo exterior en general y con la madre en particular.

✔ Debido en parte a este alto nivel de desarrollo táctil, a todos los bebés les encanta que los abracen y los acaricien; esto les permite percibir su propia presencia física, comunicarse con los demás y le proporciona una agradable sensación de bienestar y seguridad.

✔ Por otro lado, a medida que se va desarrollando, este sentido se va perfeccionando. Así, el niño distingue muy pronto entre los objetos lisos, ásperos, rugosos, duros y blandos en contacto con su piel. Y también percibirá muy pronto las diferencias de temperaturas, distinguiendo entre las agradables y las desagradables.

✔ Todos los juguetes y actividades que le permitan entrar en contacto con elementos de distinta dureza y textura serán muy útiles en este sentido.

Beneficios piel con piel

Tras el nacimiento, el contacto directo con la piel de la madre, a través de los abrazos y caricias, resulta muy reconfortante para el bebé y le introduce de una forma cálida y segura en el nuevo mundo al que acaba de llegar.

Está demostrado que los niños que reciben caricias, abrazos y masajes con frecuencia experimentan un mayor desarrollo mental y su sistema nervioso madura más rápidamente.

Por otro lado, la estimulación táctil proporciona al niño un sentimiento muy gratificante de confianza en sí mismo y en el entorno que le rodea.

También hay evidencias de que las caricias y los masajes fomentan la autoestima infantil y le ayuda a desarrollar su propia autonomía.

Está comprobado que los niños que experimentan un mayor contacto físico lloran menos.

En el caso de los bebés prematuros, se ha observado que aquellos que reciben contacto físico continuo aumentan más rápido de peso y presentan una mayor actividad motora.

28
Masajes: por qué son tan beneficiosos

Los masajes son la expresión máxima del potencial receptor del sentido del tacto. Y es que el contacto piel a piel del bebé con la madre sirve, además de para estrechar los vínculos entre ambos de forma indisoluble, para estimular el desarrollo del niño y aliviar muchas de sus dolencias más típicas.

El dato

Está demostrado que los bebés prematuros engordan tres veces más si reciben masajes tres veces al día y también que reciben el alta antes que aquellos a los que se no se les somete a esta técnica.

✔ Se puede decir del masaje para bebés que se trata de una técnica integral, ya que estimula la mayoría de los sistemas del cuerpo del niño (circulatorio, hormonal, respiratorio...) favoreciendo la liberación de endorfinas, sustancias relacionadas con la sensación de calma y bienestar.

✔ Desde el punto de vista del desarrollo cognitivo, se sabe que el masaje produce un efecto relajante que le permite liberarse de cualquier tensión derivada de la actividad diaria y predisponiéndole para el aprendizaje de nuevas habilidades.

✔ También, desde el punto de vista del desarrollo psíquico, le ayuda en la adaptación al nuevo medio en el que se encuentra (sobre todo en el caso de los recién nacidos) y constituye una excelente plataforma para sus habilidades sociales, ya que intensifica la comunicación afectiva entre el bebé y las personas de su entorno.

✔ Pero, sobre todo, el estrecho contacto con los padres que supone el masaje proporciona al niño una dosis extra de seguridad y confianza que redundará en su autoestima.

✔ Aunque no hay una fecha predeterminada para ello, se recomienda empezar a dar masajes al bebé alrededor de la tercera semana de vida. Los primeros contactos con esta técnica pueden iniciarse acariciando al niño con maniobras continuas de arriba abajo y del centro hacia los laterales, con los dedos ligeramente estirados.

✔ Existen distintas modalidades de masajes, pero la mayoría se inician con el niño tumbado boca arriba y sigue más o menos el siguiente recorrido: roces suaves en el pecho, desde el centro hacia los lados primero y cruzado después; masaje en los brazos, bajando hasta las manos; masaje en el vientre, mediante movimientos circulares; masaje en las piernas; colocándolo después boca abajo, masaje en la espalda y finalmente, masaje en la cara, abarcando la nariz, la barbilla y las orejas.

El masaje Shantala

Una de las técnicas que se emplean en los masajes destinados a los bebés se denomina Shantala, en alusión al nombre de una madre india que daba un masaje a uno de sus hijos en una calle de Calcuta cuando el ginecólogo francés Frederick Leboyer reparó en ella. Viendo el efecto que producía en el pequeño, el especialista tomó buena nota de esta técnica y la introdujo en Occidente. Comparte todos los beneficios del masaje habitual y se aplica de forma similar, abarcando todo el cuerpo del bebé, utilizando un aceite vegetal tibio y colocando al niño sobre las piernas del padre o la madre.

29
Cómo desarrolla el sentido del gusto

Dentro de su madre, el bebé ya muestra sus preferencias en lo que a sabores se refiere: a través de ecografías se ha comprobado cómo el feto deglute con avidez cuándo le llegan sabores dulces y ralentiza un poco su actividad si lo que recibe a través de la placenta tiene sabor amargo.

El dato

Un experimento realizado con un bebé hindú demostró hasta qué punto se desarrolla el sentido del gusto en el útero materno. El niño fue adoptado a los tres meses de

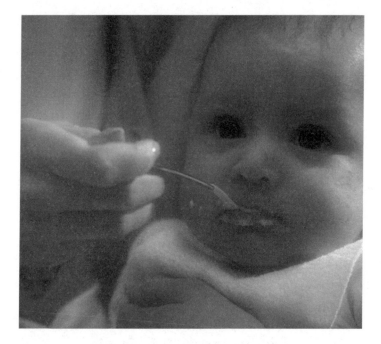

nacer por una familia francesa y cuando empezó a tomar alimentos sólidos rechazaba cualquier tipo de arroz cocinado al estilo occidental, mientras que, por el contrario, consumía gustosamente el arroz al curry, una especia que con toda seguridad su madre natural ingería durante la gestación.

✔ Una de las primeras recomendaciones que se hacen a las madres que van a dar el pecho a sus hijos es que no consuman alimentos de sabores fuertes. Y es que estos, al pasar directamente a través de la leche al niño, le pueden resultar desagradables, debido a lo desarrollado que está el sentido del gusto cuándo nace el bebé.

✔ Numerosos componentes químicos, incluyendo los que proceden de la dieta de la madre, pasan por la placenta hasta llegar al bebé y al líquido amniótico. Al ingerir este líquido, el bebé se familiariza con la dieta de la madre y le llegan diversos gustos y sabores (ajo, café, especias…). De esta manera, antes de nacer ejercita el sentido del gusto poniendo a trabajar sus papilas gustativas.

✔ Se sabe que la influencia de esos sabores es tal que al nacer, el bebé puede estar sensibilizado al gusto de la comida de la región del mundo en la que nace.

✔ Para favorecer aún más el desarrollo de este sentido, lo mejor es ofrecer al niño un repertorio de sabores lo más variado posible una vez que ese empiecen a introducir los alimentos sólidos en sus menús.

Sabor y olor en perfecta sintonía

Dentro del feto, el sentido del gusto y el del olfato se desarrollan de forma paralela. Según los expertos, lo que se denomina gusto es en realidad el sabor que resulta de la interacción de ambos sentidos. Se ha demostrado que el feto es capaz de saborear, por lo que también puede oler en el interior de la madre, y ambos sentidos juegan un papel muy importante en su vertiente afectiva después de nacer. Expertos en medicina neonatal han constatado que la sensorialidad gustativa y, sobre todo, la olfativa, constituye uno de los aspectos fundamentales de la relación madre-hijo durante el embarazo, y permite al recién nacido reconstruir mucho más fácilmente su entorno sensorial afectivo, ya que reconoce el olor de la piel de su madre y el sabor de su leche.

30
El mundo de los sabores

El dulce le encanta; le disgusta lo amargo y aún no es capaz de identificar lo salado. Por eso, a partir de cierta edad, la introducción de nuevos alimentos y, por tanto, de matices de sabores, le abren al bebé un interesante mundo gustativo que le va a permitir ya ir definiendo sus preferencias personales.

El dato

Mientras en el adulto las células receptoras de los sabores se localizan sobre todo en la lengua, en el recién nacido son más numerosas y tapizan prácticamente toda la cavidad bucal.

✔ Se podría decir que la querencia por el dulce que la mayoría de las personas experimenta es algo que viene "de nacimiento", tal y como se desprende de diversas investigaciones realizadas al respecto y en las que se ha confirmado que los bebés, desde el primer día de vida, toman más rápidamente un biberón con agua azucarada que otro que contiene agua menos dulce.

✔ También se ha podido comprobar cómo la succión se frena en seco si al contenido del biberón se añade un elemento amargo.

✔ Está claro que desde el útero materno el bebé es capaz de diferenciar los sabores dulces de los amargos, pero no ocurre lo mismo con la capacidad de degustar los salados,

ya que esta capacidad todavía no está madura y la desarro-
llará meses después, cuando se "entrene" con los primeros purés.

✔ Esta es la razón por la que la mayoría de los niños se muestran encantados cuando se introducen en su alimentación
los cereales y algunas frutas, mientras que los purés que
tienen como base la verdura y otros alimentos como la
carne o el pescado les resultan, cuanto menos, extraños.

✔ Los sabores ácidos y los amargos, sin embargo, le siguen
produciendo rechazo hasta que el niño es más mayor.

La historia de lo amargo

Un grupo de investigación de la Universidad de California
dedicado a estudiar la lógica molecular existente detrás del
sentido del gusto llegó a la siguiente conclusión para explicar
por qué nos gusta por lo general tan poco lo amargo: todo
tiene su origen en el hombre primitivo y en su aversión por las
plantas venenosas. Cada toxina de la naturaleza tiene un gusto amargo, así que la percepción de este sabor evolucionó con
el único propósito de advertir contra la ingesta de estas sustancias potencialmente venenosas para el organismo.

31
Su vista: así se desarrolla mes a mes

**El hecho de que durante los primeros meses los bebés pa-
sen buena parte del tiempo durmiendo no significa que su
sentido de la vista no se desarrolle. Muy al contrario: apro-**

vecha sus momentos de vigilia al máximo para captar todo aquello (imágenes, colores, movimientos, personas...)
que se encuentran al alcance de sus ojos.

El dato

Un curioso experimento llevado a cabo con recién nacidos demostró que cuando se enseñaba una selección de
fotografías a niños de apenas 10 días de vida, estos
aguantaban mucho más tiempo sin apartar la mirada de
las que mostraban caras con una expresión normal que
de aquellas en las que aparecían rostros con expresiones agresivas.

✔ Los ojos se empiezan a formar aproximadamente cuatro
   semanas después de la fecundación, pero en el seno
   materno la visión se desarrolla de manera muy lenta, ya
   que el ambiente uterino es muy sombrío.
✔ Una vez que nace, al bebé le lleva un tiempo adaptar
   correctamente su visión, aunque es capaz de ver la luz y
   percibe contrastes claro-oscuros, movimientos, formas de
   grandes dimensiones y cambios bruscos de iluminación.
✔ Su visión "favorita" es la cara de su madre, la cual percibe
   con bastante nitidez si se sitúa a una distancia entre 20 y
   25 centímetros (aproximadamente la distancia entre
   ambos cuando le da el pecho).
✔ Es normal que durante estas primeras semanas bizquee de
   vez en cuando, debido a que aún no controla totalmente
   la musculatura del ojo.
✔ Entre los tres y los cuatro meses ya es capaz de ver con

mayor nitidez a una mayor distancia y a los seis meses sigue con la mirada tanto a su madre como al resto de personas de su entorno habitual.

✔ En torno al año de edad, la coordinación entre los dos ojos funciona a la perfección y la vista espacial está desarrollada a un nivel excelente.

Falsos mitos sobre la vista infantil

✔ *"Si se pone demasiado cerca de la televisión, su vista se puede dañar seriamente."* Aunque no es aconsejable que los niños se sitúen excesivamente cerca de la pantalla, no hay ninguna evidencia de que ello incida de forma negativa en el correcto desarrollo ocular. Según la Academia Americana de Oftalmología, los niños pueden enfocar de cerca sin desarrollar cansancio ocular mejor que los adul-

tos, de ahí que a menudo adquieran el hábito de colocarse cerca del televisor o sostener lo que está leyendo muy cerca de los ojos.

✔ *"Si come zanahorias, verá mejor."* Aunque las zanahorias son fuente de vitamina A, fundamental para el correcto desarrollo de la función visual, hay otros alimentos que también son ricos en este nutriente, como la leche y los albaricoques, así que no tiene sentido atribuir ese beneficio sólo a la zanahoria (aunque qué duda cabe que se trata de una buena estrategia para conseguir que los niños coman verdura).

32
Imágenes, móviles y otras herramientas de estimulación visual

La vista es el sentido que más "entrenamiento" necesita durante los primeros meses de vida, de ahí la importancia de seleccionar los mejores estímulos visuales que permitan al bebé ir fijando poco a poco mejor las imágenes de todo lo que le rodea.

El dato

Tal y como explica el doctor Jaroslav Koch, la visión no se desarrolla por el simple hecho de mirar, sino que debe estar en conexión con los demás sentidos, en particular el tacto. "Al niño no le basta ver para diferenciar una bola y una anilla. Necesita también pensar y gozar de cierta experiencia."

✔ Durante las primeras semanas, el campo de visión del niño no llega más allá de los veinte o treinta centímetros, pero las investigaciones realizadas al respecto han demostrado que al nacer los bebés son capaces de diferenciar rostros y voces humanas de otras imágenes y sonidos y que, además, muestran claras preferencias hacia ellos (lo manifiestan a través de gorgoritos y muecas que se pueden interpretar como sonrisas).

✔ Un aspecto curioso de estos primeros pasos de la visión infantil es que al bebé le encanta observar líneas. Para explicarlo, los especialistas se basan en el hecho de que, al no tener aún la retina fijada, percibe estas líneas como si se movieran, y ello le entretiene. Por eso, basta con que los padres dibujen líneas rectas con un rotulador sobre un folio en blanco y lo muestren al niño. Este simple estímulo le permitirá, además, obtener un punto de enfoque, algo muy importante teniendo en cuenta que su visión es aún borrosa y bidimensional.

✔ Otro recurso que se pueden emplear para estimular al bebé desde los primeros días de nacido y, también, para potenciar su capacidad visual, es colocar un móvil en su cuna. Lo mejor es elegir uno de fuertes contrastes de color, pero para el recién nacido la opción más indicada para estimular adecuadamente su vista sería uno en blanco y negro. Hay que colocarlo lo suficientemente cerca para que el niño pueda verlo bien (es muy importante fijarlo bien a la cuna, para prevenir que se caiga encima del bebé).

✔ A partir de los tres meses conviene alejar los móviles y demás juguetes colgantes del alcance del niño, ya que está más activo e intentará agarrarlo.

✔ También es importante cambiar con frecuencia los móviles y juguetes que se colocan en la cuna del niño e ir sustituyéndolos cuando sea obvio que ha dejado de prestarles atención.

✔ En cuanto a los colores, hay una regla a tener en cuenta: los primarios lo estimulan mientras que los tonos pastel le relajan.

Un gran observador

Según una investigación publicada en *The National Academy of Sciences*, a partir de los nueve meses, los bebés pueden reconocer los objetos que les son familiares, incluso en un contexto diferente. Según los autores de esta investigación, a esta edad los niños ya son capaces de identificar las pautas estadísticas que hay "detrás" de los objetos que le rodean. Por ejemplo: saben que los coches de juguete siempre llevan ruedas o parabrisas.

33
Así oye el bebé

Se podría decir que en lo que al oído se refiere, los bebés ya nacen con la lección aprendida, puesto que este sentido se desarrolla prácticamente en su totalidad a lo largo de los nueve meses de embarazo.

El dato

Hacia el final del sexto mes de gestación el feto ya es sensible a los sonidos externos y lo manifiesta claramente: se sobresalta con los portazos, se agita o se calma según la música que escuchan sus padres, puedo oír sus voces... aunque todo ello, eso sí, de una forma distorsionada, ya que el sonido debe atravesar el medio acuoso en el que el niño se halla inmerso.

✔ El oído interno está totalmente desarrollado a partir de la mitad del embarazo y ya entonces el feto es capaz de percibir los sonidos de ese medio, el amniótico, tan sonoro. Cuando nace, el niño oye perfectamente los sonidos "reales". Esta es la razón por la que se calma en cuanto escucha la voz de la madre o por la que las nanas son tan efectivas para inducirle al sueño.

✔ Es frecuente que el lactante detenga su movimiento espontáneo al oír un sonido, señal inequívoca de que oye perfectamente. Sin embargo, también es habitual que durante las primeras semanas de vida su forma de reaccionar ante ruidos y sonidos sea mostrándose asustado (agitando las manos, por ejemplo). Es algo totalmente normal y poco a poco, a medida que se vaya familiarizando con el entorno que le rodea, se irá tranquilizando.

✔ Una de esas "reminiscencias" de su etapa de oído fetal se produce cuando la madre lo acurruca contra su pecho: el efecto calmante que en esta situación se produce de forma prácticamente inmediata es debido a que reconoce el latido del corazón materno, que ha sido su "banda sonora" durante prácticamente toda la gestación.

Virus en el embarazo y poca capacidad auditiva en el bebé

Uno de cada 1.000 niños padece una pérdida auditiva grave (no pueden, por ejemplo, escuchar una conversación). Una reciente investigación, llevada a cabo por expertos de la Universidad de Vanderbilt, en Nashville (EE.UU.) apunta a que esta disminución auditiva estaría asociada a una infección por citomegalovirus padecida por la madre durante el embarazo. Se trata de un virus común que produce una infección benigna. Según los autores del estudio, las mujeres que ya están infectadas por el virus al quedarse embarazadas tienen pocas probabilidades de transmitirlo a sus bebés, pero no ocurre lo mismo con las que se infectan durante el embarazo. Sin embargo, y para tranquilidad de las futuras mamás, el citomegalovirus es uno más de los posibles motivos por los que un bebé presenta disminución auditiva y, además, aunque las mamás transmitan el virus a sus futuros hijos, es poco probable que los niños desarrollen una pérdida auditiva asociada.

34
Cómo hablarle: palabras y tonos

Los expertos en desarrollo infantil son unánimes: cuánto más se le hable al bebé, mejor. Eso sí: no hay que perder de vista que los niños muy pequeños no entienden el significado de lo que se les dice. Pero desde el punto de vista de su desarrollo intelectual, más importante que las palabras en sí es el establecimiento de una comunicación constante con él.

El dato

Está demostrado científicamente que las voces femeninas son las más apropiadas para calmar al niño y aumentar su sensación de seguridad. Una voz femenina suave suele tranquilizar al bebé en mayor grado que una masculina, que por regla general es más profunda.

✔ El bebé de tan solo tres semanas de vida es capaz de mirar en la dirección de su madre cuando ésta le habla. ¿La razón? Es la voz que ha oído durante más tiempo dentro del útero, de ahí que la reconozca al instante.

✔ Durante los seis primeros meses de vida el niño reacciona de forma activa ante los estímulos sonoros, pero aún no entiende en significado de las palabras y estas empiezan a actuar como un estímulo creativo y gratificante.

✔ Tal y como explica el doctor Jaroslav Koch en su libro *Superbebé*, a partir de esta edad el niño necesita que se le enseñe a reaccionar a la palabra hablada. "Para ello, se le pueden señalar diversos objetos interesantes (¿Dónde está el tic tac?)".

✔ De los siete a los ocho meses ya será capaz de señalar varios de estos objetos cuándo se los nombre. Al mismo tiempo, se le puede enseñar a responder por señas cuándo se le dice, por ejemplo: "A ver qué grande eres".

✔ Poco a poco se irán creando mediante las palabras, respuestas más complicadas de manera que, al final del primer año, comprenderá la mayoría de las frases sencillas que se suelen dirigir a los bebés.

Alto, claro... y sin discursos

La mejor forma de hablarle al bebé es empleando palabras y frases lo más sencillas posible. También es importante ir introduciendo variaciones en el tono de voz, observando sus reacciones. Los expertos recomiendan mirarle a los ojos a los bebés cuando se habla con ellos, llamarlos siempre por su nombre; utilizar con frecuencia las palabras "papá" y mamá"; construir frases en las que él sea el protagonista ("bebé bonito", por ejemplo) y repetírselas con frecuencia. Hay que estar atento a las reacciones del bebé ante nuestra voz e imitar sus gestos y sonidos (la imitación es una de las mejores herramientas de aprendizaje a edades tempranas). Y, muy importante, hay que ir narrándole todas las actividades que se van haciendo con él: "Ahora nos vamos a bañar"; "nos preparamos para el paseo ....". Una recomendación más: se debe procurar no tener la radio mucho tiempo encendida mientras el niño está presente, ya que el sonido que ésta emite puede saturar su sistema nervioso y reducir su capacidad de reacción frente a los estímulos sonoros.

35

Nanas y canciones: directas a su cerebro

Le calman, le ayudan a conciliar el sueño y animan los momentos del día en los que está despierto. Pero las nanas y canciones infantiles suponen además un importante estímulo tanto para el desarrollo intelectual del niño como para aspectos de su personalidad tan determinantes como la seguridad en sí mismo.

El dato

Tal y como explican expertos de la Fundación Zero to Three, especializada en desarrollo infantil, la música es una manera única y poderosa para que los niños creen vínculos con sus raíces. Una canción espiritual afro-americana, una canción de cuna yidish o irlandesa, una canción folklórica mexicana… todas introducen al niño a la herencia familiar de una manera que va más allá de las palabras o las fotografías. Y conectarse con sus raíces es otra forma de lograr que un niño se sienta a salvo y más seguro.

✔ Decía el escritor Hans Christian Andersen que "*donde fracasan las palabras, la música habla*", algo que han corroborado las investigaciones realizadas sobre el desarrollo del intelecto infantil.

✔ Desde el momento en que nace, las nanas y canciones infantiles le calman, le ayudan a conciliar el sueño y activan una serie de mecanismos cerebrales que van a favorecer su desarrollo. Por eso, desde el primer día, es una buena idea cantarle al niño canciones populares sencillas y canciones infantiles.

✔ Siempre es aconsejable que la música vaya acompañada de movimiento: acunarle acompasadamente, mover las manos siguiendo el ritmo, animándole a que te imite; mover sus pies....

✔ A partir del cuarto o quinto mes se le pueden recitar también algunos versos poco complicados y de ritmo marcado. Aunque el niño aún no comprenda las palabras, sí que disfruta con el ritmo y la entonación, por eso es importante subrayar algunas estrofas o el ritmo del poema haciendo al mismo tiempo con él algunos movimientos.

✔ Las dotes interpretativas de los padres son también muy valoradas por los pequeños: enséñale a distinguir el tipo de canción que cantas acompañándola de la expresión y la entonación más adecuada. Si se trata de una nana, baja el tono y acompáñala de movimientos lentos y suaves. Si se trata de una canción alegre, eleva el tono, sonríele y exagera los movimientos.

Cinco pautas musicales a tener siempre en cuenta

✔ Desde el primer momento, cantarle canciones simples y cortas, intentando utilizar para ello una voz aguda y suave.

✔ Durante los primeros meses, lo mejor es recurrir a los juguetes musicales y usarlos para llevar el ritmo.

✔ A los niños de entre 18 meses y tres años les gustan las canciones cortas. Una buena estrategia es estimularle a que las repita siguiendo el ritmo con palmas y golpecitos.

✔ Nunca hay que forzarle a cantar ni tampoco preocuparse por el tono o la técnica que emplee el niño cuando sea él quien cante.

✔ Es fundamental respetar su ritmo: hay que dejarle moverse y bailar a su manera.

36
Música a su medida

Para un bebé, la mejor puerta de entrada al mundo de los sonidos, las canciones y las grandes composiciones musicales son sus padres. Mediante actividades como cantar, bailar, escuchar música o jugar, el niño va incorporando la música en su cotidianeidad, con todas las ventajas que ello conlleva.

El dato

Numerosas investigaciones han puesto de manifiesto el importante papel que juega la música en el desarrollo de los niños más pequeños, ya que crea un ambiente cargado de estímulos que fomentan su autoestima y promueve su desarrollo social, emocional e intelectual.

✔ Ya hemos visto que los expertos aconsejan cantar al niño y ponerlo en contacto con composiciones musicales ya desde el periodo prenatal. Pero para potenciar los beneficios de esta "musicoterapia casera" es necesario ir introduciendo ajustes conforme el niño va creciendo y sus gustos y necesidades van cambiando.

✔ Así, por ejemplo, entre los 0 y los 9 meses, los bebés suelen responder cuando les hablan o les cantan sonriendo, moviendo los brazos o pataleando los pies. Está demostrado que los bebés aprenden rápidamente, identificando los patrones de movimiento que acompañan los bailes y canciones.

✔ Ya a partir de los 10 meses, los bebés empiezan a moverse siguiendo el ritmo, les encantan los estribillos o completar los "huecos" que quedan libres en las canciones y, además, disfrutan explorando todas las formas en que pueden producir sonidos con sus propias voces o con la ayuda de objetos o instrumentos.

✔ Es a partir de los 18 meses cuando la música juega un papel más activo en el desarrollo de las habilidades de memoria (nada mejor, tanto para memorizar como para aprender un nuevo idioma, que repetir la letra de una canción).

✔ Otra función muy importante que desempeña la música en este momento es que permite al niño asociar rápidamente canciones específicas con actividades diarias o imágenes concretas. Y aquí es importante crear una especie de "banda sonora" para distintos momentos del día: una canción de *"Buenos días"* al levantarle; otra para la hora de la comida, un estribillo tipo *"Vamos a la cama"* al acostarle…

✔ Según los expertos, esta habilidad para asociar canciones

con actividades significa que el niño está dando un gran salto en su aprendizaje y que en este momento ya entiende mejor cómo se conectan las cosas, pudiendo incluso utilizar él mismo la música como señal de transición entre una actividad y otra.

Padres a la batuta

Los padres pueden potenciar los beneficios de la música simplemente introduciendo pequeños gestos en el día a día:

✔ Hacer música de manera nueva y diferente: acostumbrarse a decir algunas cosas cantando, llevar al niño a la cama bailando…
✔ Inventar nuevas letras para canciones conocidas en las que se haga alusión al niño.
✔ Al leerle un libro que rime, "cantar" las palabras. De esta forma, se potencian los beneficios de los cuentos, haciéndolos más musicales al añadirle los efectos de sonido.
✔ Tocar "imaginariamente" instrumentos mientras se escucha música y animar al niño a que lo haga también.

37
¿Qué huele el bebé?

Ya en el útero, la nariz es uno de los órganos sensoriales más activos, capaz incluso de actuar en un medio acuático. Una vez que nace, está ya tan desarrollado que es capaz, por ejemplo, de distinguir el olor de su madre entre mil.

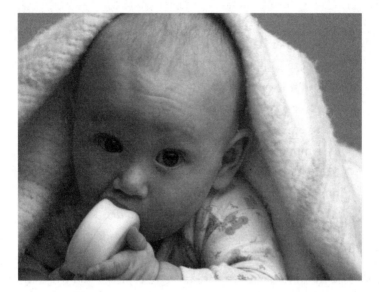

El dato

En una investigación llevada a cabo con niños de pocas semanas de vida se comprobó que estos eran capaces de distinguir perfectamente el disco absorbente que su madre se ponía en el pecho del de otras mujeres ya desde el primer día de nacidos.

✔ Hipersensible: esa es la palabra que podría definir el olfato del recién nacido. No en vano, y según investigaciones realizadas al respecto, antes de nacer el feto está familiarizado con la dieta que ingiere la madre y es capaz de identificar hasta 120 olores distintos procedentes de ella, así que nace con una nariz perfectamente entrenada para oler.

✔ Esta "memoria olfativa" es la que explica, por ejemplo, el más que comprobado efecto calmante y la sensación de seguridad que le produce al bebé percibir el olor materno. Varios experimentos han demostrado cómo bebés especialmente inquietos de entre tres y diez días de vida se tranquilizaban rápidamente cuándo se acercaba a su nariz una prenda perteneciente a su madre mientras que el efecto era nulo si la prenda era de otra persona.

✔ Esta hipersensibilidad del olfato infantil es la principal razón por la que se aconseja que la madre no abuse de perfumes ni fragancias fuertes durante los primeros meses de vida del bebé, especialmente si le está dando el pecho, y, también, por la que todos los aromas de productos y ambientes relacionados con el bebé (su colonia, el detergente que se emplea para lavar su ropa) deben desprender un olor lo más natural y suave posible.

Olor "de familia"

Una curiosa investigación llevada a cabo por expertos del departamento de psicología y Desarrollo Humano de la Universidad de Vanderbilt, en Estados Unidos, demostró la existencia de un "olor familiar". Para ello, hicieron que un grupo de personas oliera primero las chaquetas de unos niños y, después hicieran lo mismo con prendas que habían sido usadas por sus madres, sin conocer el parentesco entre unos y otros. El número de aciertos (esto es, la relación entre el olor de la madre y el de los hijos) fue altísimo, lo que llevó a los expertos a concluir que, aunque no idénticos, los olores pueden ser similares entre familiares directos.

PARTE IV:
CÓMO AYUDARLE A DESARROLLAR SUS DESTREZAS

38
La mejor forma de interactuar con él

Establecer una conexión profunda con el bebé, a través del juego, las palabras y, sobre todo, los gestos de cariño, enseña al niño cómo tener confianza en sí mismo. La clave es estar atento a las señales y actitudes que éste emite.

El dato

Los expertos utilizan un término, el de la conexión afectiva, para definir la relación profunda y duradera que se establece entre los padres (especialmente la madre) y el bebé durante sus primeros años de vida y que une a ambos asegurando que las necesidades del bebé, al principio vulnerable e indefenso, son satisfechas

✔ Los bebés están siempre atentos a las actitudes de sus padres, especialmente de su madre. Cualquier mirada, caricia o modulación de la voz es percibida y analizada con atención, incluso desde sus primeras semanas de vida.

✔ Crear una conexión con el bebé supone poner en marcha un proceso dinámico e interactivo, en el que este intercambio de señales, tanto verbales como no verbales, juega un papel muy importante.

✔ Algunas de estas señales que se intercambian son muy obvias (el llanto del bebé cuando no está cómodo o tiene hambre), pero hay otras que hay que descubrir mediante la observación de las actitudes del niño, que muchas veces pueden pasar desapercibidas.

✔ Cantarle es una excelente manera de establecer una conexión intensa con el bebé. Las canciones infantiles permiten establecer una especie de conversación musical en la que los bebés imitan los sonidos de sus padres por medio de sus propios balbuceos y vocalizaciones, esperando su turno y respondiendo durante las pausas en este "diálogo".

✔ La imitación de todo aquello que ven y hacen los padres es otra de las formas a través de las cuales los bebés establecen un hilo directo con ellos. Muchos gestos, incluso aquellos que los padres realizan involuntariamente, son copiados de forma casi mimética por los niños.

✔ El juego es, tal vez, la forma más directa de interactuar con el niño. Es importante que la madre actúe de guía, incitándolo a expresarse y ofreciéndole opciones para jugar. Según los expertos, los niños pequeños no solo necesitan que su madre esté físicamente cerca de ellos, para tener confianza y animarse a descubrir nuevos objetos, sino que también el resultado de estas exploraciones y descubrimientos será mejor si su madre responde a sus necesidades y juega con ellos.

Objetivo: la imitación "en positivo"

Un estudio publicado en la revista *International Journal of Behavioral Medicine* demostró cómo el comportamiento de la familia puede influir en la forma en la que el niño se enfrenta a determinadas situaciones como, por ejemplo, el dolor. Según esta investigación, los hijos imitan a los padres en la forma en la que estos manejan el malestar físico, independientemente de cuál sea la sensación dolorosa real. Si los padres tienen un estado mental negativo exagerado respecto a un dolor real o, incluso, anticipado, esta actitud es imitada por los hijos. Los autores del estudio explicaron que debido a que durante la infancia los padres son un modelo que imitan los hijos, es posible que estos utilicen las herramientas sociales y de comunicación que han observado en sus progenitores para manejar su propia angustia en el contexto familiar, de ahí que reproduzcan el estilo cognitivo específico de la familia para expresar y comportarse ante el dolor.

39

Los paseos: toda una oportunidad de aprendizaje

El paseo, a ser posible diario, tienen muchos más efectos positivos en la salud y en desarrollo cognitivo de lo que pudiera parecer en un primer momento. El contacto con un entorno distinto al que el niño tiene en casa, pero cargado de estímulos y emociones, actúa directamente sobre su intelecto.

El dato

El doctor británico William Bird, experto en la repercusión del medioambiente en la salud y director del National Physical Activity Alliance, en Gran Bretaña, explica que los sonidos, las imágenes y los olores que interactúan durante el tiempo que el niño pasa al aire libre le estimulan y contribuyen a su desarrollo intelectual, además de ejercer un efecto calmante sobre él.

✔ Cuando el bebé es recién nacido, muchos padres dudan sobre la conveniencia o no de sacarlo a la calle, sobre todo durante el invierno. Sin embargo, y a no ser que las condiciones climatológicas sean muy adversas, es muy bueno y saludable, tanto para su desarrollo físico como para estimular su intelecto, que el niño de un paseo diario, al principio de poco tiempo para después ir aumentando la duración.

✔ El contacto con el aire libre ofrece al bebé un campo más amplio sobre el que centrar su atención y, además, le ofrece una mayor cantidad de estímulos entre los que puede elegir cual le gusta o le impacta más.

✔ Otro efecto muy positivo de sacar a pasear todos los días al bebé es que se favorece la producción de vitamina D, para la cual es indispensable la radiación solar. Los expertos recomiendan exponer a los bebés al sol entre cinco y diez minutos diarios, para que estos efectos beneficiosos sobre sus huesos sean efectivos.

✔ Hay evidencias de que los niños que tienen contacto frecuente con la vida al aire libre desarrollan unos hábitos más saludables en el futuro.

✔ Y no hay que olvidar que el paseo es una oportunidad estupenda para que madre e hijo compartan un momento agradable. Además, para las madres, salir de casa siempre supone una bocana de aire fresco que además les permite reducir su estrés.

Más salidas, menos lloros

Uno de los métodos que han demostrado su efectividad para calmar a los niños que padecen cólico del lactante es sacarlos a dar una vuelta en el cochecito o sentarlos en la sillita del coche y dar con él un breve paseo. Por otro lado, hay expertos que apuntan a que los espacios cerrados y recalentados (típicos de las casas en invierno, y más aún si hay un niño pequeño en ellas) es uno de los mayores detonantes que pueden hacer que un bebé llore sin otro motivo aparente, de ahí la necesidad de sacarles al exterior con frecuencia.

40

La importancia de la rutina diaria

Hacer todos los días las mismas cosas y más o menos a la misma hora no solo contribuye a estructurar la logística familiar sino que tiene importantes beneficios para el niño tanto a nivel emocional como desde el punto de vista de la organización del pensamiento.

El dato

"El recién nacido, igual que el feto, no tiene horarios: se nutre, duerme, hace sus necesidades, etc. cuando quiere o cuando lo necesita. A medida que crece, el bebé deberá aprender, entre otras cosas, a convertirse en un 'ser social' que come y duerme a determinadas horas y en determinados sitios; hace sus necesidades donde puede o debe…. Esta socialización exige una organización mental, de ahí que introducir rutinas en el día a día del niño ayude a que ésta sea factible y exitosa".

Dr. José Antonio Martínez Orgado, del Servicio de Neonatología del Hospital Universitario Puerta de Hierro, de Madrid.

✔ Hay tres piezas clave en la rutina de los bebés que deben realizarse a diario más o menos a la misma hora: la comida, el sueño y la hora del baño. Está demostrado que la repetición de rutinas todos los días crea en los niños una sensación de seguridad y confianza y les ayuda también a organizar sus patrones mentales.

✔ Respecto a la comida, durante los primeros meses es difícil realizar ajustes muy estrictos, ya que el horario del niño es aún variable, pero una vez que se inicia la alimentación complementaria es importante acostumbrar al bebé a comer a determinadas horas, preferiblemente junto al resto de la familia; en su sitio (su trona cuando ya se siente, y después su sillita); en determinado tiempo y enseñarle a terminarse lo que le pongan.

✔ La hora del baño puede ser por la mañana o por la tarde-noche (esta opción es preferible en aquellos niños que son más inquietos, ya que les relaja y les ayuda a dormir mejor). Lo importante es que sea siempre en el mismo periodo del día: si unos días se le baña por la mañana y otros por la tarde o la noche, no integrará esta actividad en su rutina y puede descentrarse.

✔ En cuanto al sueño, lo mejor es intentar desde el principio que el niño se acostumbre a dormir a la misma hora, en su cuna y con sus 'objetos transferenciales' (muñecos o similares). Según los expertos en el tema, por lo general, cuanto más inflexibles son los padres con este aspecto de la rutina, menos problemas planteará el niño a la hora de dormir.

✔ El doctor Jaroslav Koch, en su libro *Superbebé*, explica

que, respecto a la rutina del bebé hay dos posturas: la de aquellos que defienden que se aplique estrictamente un horario y los que, por el contrario, afirman que el niño debe comer cuándo tenga hambre y acostarlo cuando está cansado. "Ambas representan extremos que se deben evitar. La primera conduce a una imposición indebida sobre el bebé y la segunda, a una irregularidad perjudicial. Lo ideal se halla en el término medio."

Estímulos: mejor, con horario

Según el doctor Jaroslav Koch, hay que sincronizar los estímulos que influyen sobre el crecimiento y el desarrollo del niño con sus biorritmos, esto es, adaptarlos a aquellos momentos del día en los que el niño esté más activo y receptivo. Para descubrirlos, es importante observar aspectos del comportamiento del niño como los primeros síntomas de la aparición de cansancio, a qué hora se suele despertar, en qué momento del día está más estimulado y juega más... El experto aconseja anotar estas observaciones durante tres o cuatro días y calcular así la media, para saber en qué momento es mejor ofrecerle estímulos y compartir actividades con él. "Hay que tener en cuenta que estas pautas sólo son válidas para dos o tres meses puesto que durante ese tiempo las necesidades del niño se habrán modificado y habrá que cambiar el programa para adaptarlo a periodos más largos de vigilia y más cortos de sueño durante el día."

41

Así influyen los patrones de sueño en su desarrollo

Un niño que duerme lo suficiente es un niño descansado, y un niño descansado aprende más y mejor. Sin embargo, regular los patrones de sueño es algo que no siempre resulta fácil.

El dato

"Los niños necesitan tener un horario de sueño regular. Si siguen las reglas del sueño, su desarrollo será óptimo. Y es que una de las formas más fáciles de lograr que los niños sean felices y saludables es asegurarse de que duermen lo suficiente."

Dr. David Gozal, director del Servicio de Pediatría del Hospital Infantil Corner, en la Universidad de Chicago.

✔ Uno de los aspectos más importantes dentro de la rutina infantil es establecer cuanto antes unos ritmos de sueño-vigilia y respetarlos al máximo. Dormir las horas necesarias y hacerlo de forma regular no sólo asegura al niño el descanso necesario para "funcionar" a pleno rendimiento durante el día, sino que aporta muchos beneficios a su desarrollo intelectual, ya que adaptarse a la rutina de unas pautas de sueño determinadas exige una determinada organización mental y le proporciona una sensación de seguridad y confort.

✔ Teniendo en cuenta que cada niño tiene unas necesidades distintas respecto a la cantidad de horas que debe dormir para encontrarse bien, es muy importante estar atentos a los signos de cansancio.

✔ Tal y como explica el doctor Jaroslav Koch, los padres suelen fijarse en los bostezos, el frotarse los ojos, la falta de movilidad, la negativa a jugar y otras señales; pero hay otro tipo de niños, los excitables, que manifiestan su fatiga volviéndose más activos.

✔ El experto ofrece unas pautas más o menos generales para determinar cuando un niño está cansado y necesita irse a dormir o hacerlo durante más horas de las habituales:

✔ Empieza a comportarse como lo hacía uno o dos meses antes, y no es posible estimular sus capacidades adquiridas hace poco.

✔ Su humor se hace menos estable, su genio empeora y lo pone de manifiesto frente a un estímulo medianamente desagradable, al que ni siquiera reaccionaría estando descansado.

✔ Mueve rítmicamente la cabeza, los brazos y el cuerpo.

✔ Sus movimientos son menos variados, limitándose a repetir algunos de los más primitivos.

✔ Aparecen reflejos primitivos, resulta difícil estimular reacciones más complejas y el niño regresa a actividades primitivas como, por ejemplo, chuparse el dedo.

✔ Se modifican los movimientos y la postura del cuerpo. Si el niño descansa boca abajo, levantará muy poco la cabeza; si tiene un juguete en la mano, no hará nada con él.

✔ "Y, sobre todo –explica el doctor Koch– un niño descansado coopera durante los ejercicios y cuando está sometido a estímulos, mientras que un niño cansado permanece pasivo, sin fuerzas y demuestra muy poco o ningún interés".

Otros efectos de la falta de sueño

Una investigación reciente publicada en la revista *Pediatrics* demostró que el sueño que es insuficiente tanto en la cantidad de horas como en la regularidad puede tener efectos negativos en el metabolismo infantil incrementando, entre otros, el riesgo de padecer obesidad, diabetes y enfermedades cardiovasculares en la edad adulta. Según los autores del estudio, entre las principales razones por las que los niños no duermen lo suficiente se encuentran los ajetreados horarios familiares y, en el caso de los más mayores, el tiempo que pasan delante de la televisión o el ordenador.

42
La alimentación: aliada de su inteligencia

Sin duda, el mejor combustible para el cerebro infantil es una alimentación adecuada. Y el nutriente más completo en este sentido es la leche materna. De hecho, cada vez son más concluyentes las investigaciones que relacionan la lactancia materna con el correcto desarrollo cognitivo infantil.

El dato
Varios estudios han encontrado relación entre la lactancia materna y un menor riesgo de que los niños desarrollen trastornos mentales como el déficit de atención o la esquizofrenia.

✔ Son muchas las evidencias de que seguir una alimentación sana desde la primera infancia tiene un efecto directo sobre la inteligencia infantil. Uno de los estudio más completos al respecto ha sido realizado en la Universidad de Southampton (Reino Unido) y en él se demostró que aquellos menores que en sus primeros meses de vida habían recibido una dieta rica en frutas, verduras y comidas caseras obtenían una puntuación más alta en las pruebas de inteligencia y de memoria.

✔ Las últimas investigaciones sobre el efecto de la alimentación en el desarrollo de la inteligencia de los bebés apuntan al papel determinante que juegan en este sentido los ácidos grasos omega 3. Se trata de un elemento imprescindible en la dieta infantil ya que el cerebro se nutre de ellos y los necesitan pues forman parte de la masa cerebral, hasta el punto que un déficit de los mismos puede derivar en una peor evolución visual y cognitiva. También se ha asociado la dieta pobre en estos ácidos grasos al trastorno por déficit de atención e hiperactividad, la depresión, el trastorno bipolar.

✔ Según los expertos, hay que incrementar el consumo de alimentos ricos en ácidos grasos omega 3 (pescado azul, verduras de hoja verde, la soja y los frutos secos) durante el embarazo y la lactancia, ya que ambos momentos coinciden con el desarrollo neurocognitivo del niño. También están especialmente recomendados para los niños con enfermedades metabólicas y los prematuros.

✔ Pero sin duda, el mejor garante durante los primeros meses de un correcto desarrollo de las capacidades cognitivas es la leche materna. Los beneficios para la salud infantil son innumerables: protección frente a un buen número de infecciones, debido a su contenido en anticuerpos procedentes de la madre, que refuerzan su inmunidad; menos riesgo de alergia; mayor protección frente a enfermedades como el asma, la diabetes, la obesidad o el síndrome de muerte súbita del lactante....

✔ La última investigación al respecto ha sido publicada en el *Journal of Pediatrics* y en ella se demostró cómo los bebés alimentados con leche materna tienen menos riesgo de sufrir convulsiones relacionadas con la epilepsia. Según los autores del estudio, la leche materna contiene muchos nutrientes necesarios para el desarrollo normal del cerebro infantil, y esta es la razón por la que ejerce este efecto protector frente a las convulsiones.

Cuidado con los snacks

La investigación realizada en la Universidad de Southampton dejó también patente la necesidad de eliminar de la dieta infantil alimentos como las galletas saladas, los snacks, la carne procesada, los refrescos o las patatas fritas, ya que los test realizados a los niños que intervinieron en el estudio demostraron que aquellos que consumían con frecuencia este tipo de alimentos tenían un peor desarrollo cognitivo y neurofisiológico. Estos niños obtuvieron también peores puntuaciones en los test de atención, habilidad sensomotora, memoria y lenguaje.

43

Calmarle cuando llora: todo un arte

El llanto es el principal medio por el que los bebés manifiestan sus necesidades durante sus primeros meses de vida. Hay distintos tipos de llantos que obedecen a diversas causas, pero en todos ellos, cuando se trata de calmarles, hay una estrategia que no falla: abrazar al niño y transmitirle todo el cariño posible.

El dato

"Los especialistas están de acuerdo en que los bebés lloran porque necesitan algo y desean ver una reacción por parte de los padres ante su necesidad. Llorando, el recién nacido expresa su deseo más ferviente de que alguien se ocupe de él. En este sentido, el llanto del bebé es su primera forma de comunicación y de comunicarse."

Silvia Höfer, comadrona y autora del libro *El primer año del niño.*

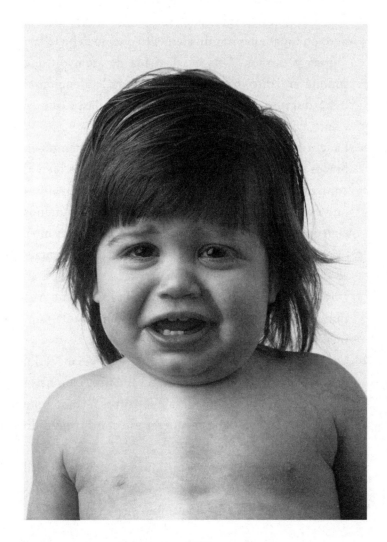

✔ Independientemente de cuál es la causa y motivo por el que el niño llora, hay que atenderle y calmarle. La opción de ignorarle, sobre todo cuando se trata de niños muy pequeños, puede crear en ellos un sentimiento de desamparo e inseguridad.

✔ Hay varias estrategias para calmar el llanto infantil, pero en todas ellas hay un elemento que no debe faltar: mimos y cariños. Ante esa llamada de atención que supone el llanto, hay que dedicar toda la atención al bebé durante al menos 10 minutos o hasta que se calme, cogiéndole y acunándole.

✔ La teoría de que los niños que pasan mucho tiempo en brazos se malcrían es totalmente errónea; más bien al contrario: hay estudios que demuestran que los niños que están en brazos a menudo no sólo lloran menos sino que desarrollan una mayor seguridad en sí mismos.

✔ Es muy importante también abrazarle, ya que el contacto del niño con el corazón materno le recuerda a su etapa uterina, produciéndole un efecto calmante casi inmediato. Arroparlo o envolverlo en una manta también puede ayudarle a sentirse más seguro.

✔ Los movimientos rítmicos son muy efectivos: mecerlo, caminar o bailar con él le ayuda a calmarse. La música suave, un baño tibio o un masaje son otros recursos que suelen ayudar al bebé a recuperar ese confort perdido que siempre supone el llanto.

✔ En cuanto al motivo que produce el llanto infantil durante los primeros meses de vida, estas son las causas más típicas: necesita un cambio de pañal; se aburre:

en este caso, se calma en cuanto se le da un juguete o se le habla; tiene frío o calor; padece cólico del lactante; siente hambre: gira la cabeza a un lado, busca el alimento y puede chuparse los puños; está irritado o cansado: bosteza, tiene la mirada fija y gira la cabeza a un lado; tiene algún tipo de dolor: el llanto no cesa, es constante y puede ir acompañado por otros síntomas como fiebre.

¿Y si llora demasiado?

Investigadores de la Universidad británica de Warwick han demostrado en un estudio reciente que los bebés que lloran demasiado y sin un motivo tienen un riesgo mayor de sufrir en un futuro graves problemas de comportamiento, sobre todo si el llanto va acompañado de dificultades para comer o dormir. La investigación se centró en los bebés mayores de tres meses que lloraban en exceso, observándose que, en muchos casos, esta actitud estaba relacionada con una probabilidad mayor de padecer ansiedad o depresión y, también, de desarrollar comportamientos agresivos o un trastorno por déficit de atención con hiperactividad (TDAH). Pese a lo obvio de los resultados, los autores del estudio lanzaron el mensaje tranquilizador de que se trataría de síntomas tempranos, que podrían evitarse si estos niños fueran sometidos a una intervención profesional temprana.

44

El proceso del habla: cómo estimularle

El método más sencillo y eficaz para favorecer el desarrollo del habla del bebé es... hablarle mucho. Los expertos recomiendan mantener "conversaciones" con él desde el primer día de vida, ya que los niños disponen de unas dotes innatas para el dominio del lenguaje que se manifiesta ya en su vida uterina.

El dato

En una investigación llevada a cabo por expertos del Departamento de Psicología y Ciencias del Cerebro de la Universidad de Dartmouth (EE.UU.) se comprobó que el parloteo ininteligible típico de muchos bebés a partir de aproximadamente los cinco meses es el mejor entrenamiento para el habla. Según los autores del estudio, esas expresiones características de la "lengua de trapo" sirven a los bebés para construir su primer acercamiento a los sonidos del lenguaje, indispensables para el desarrollo posterior del habla.

✔ Está demostrado que mantener un diálogo (en un principio, lógicamente, monólogo) constante con el niño desde el primer momento no solo contribuye a estimular su desarrollo lingüístico sino también a ampliar los conocimientos del niño acerca del mundo y crear en él el deseo de establecer un diálogo con los demás.

✔ Es alrededor de los seis meses cuando el niño aprende

a relacionar las palabras que escucha con objetos, situaciones o personas que ve, por eso es importante señalarle con frecuencia objetos cotidianos, repetir su nombre varias veces y después hacerle preguntas del tipo: "¿Dónde está el osito?".

✔ Los cuentos son los mejores aliados. De hecho, un informe de la Comisión de la Lectura de la Academia Norteamericana de Educación determinó que leer en voz alta a los niños es la actividad más importante para garantizar el éxito en el aprendizaje y en el dominio del lenguaje.

✔ Una de las cuestiones que más controversia ha despertado sobre la estimulación verbal es la forma en la que hay que hablarle al bebé. Hay opiniones para todos los gustos: unos defienden que lo mejor es dirigirse a ellos utilizando un lenguaje "adulto", pero son más los que se decantan por recurrir al "lenguaje bebé".

✔ Existen evidencias científicas sobre los beneficios de utilizar el lenguaje de los más pequeños, por muy ridículo que nos pueda parecer, ya que el tono agudo que se emplea actúa como señal de que lo que decimos va dirigido expresamente al niño y, además, esta forma de hablar exagera las propiedades del lenguaje, lo que ayuda a los más pequeños a comprenderlo mejor.

La importancia de los "ehh" y los "humm"

Dos interjecciones tan habituales como el "ehh" y el "humm", que los adultos suelen pronunciar sobre todo al hacer pausas al hablar, pueden ayudar al aprendizaje de los más pequeños, tal y como se desprende de una investigación realizada por el equipo del Laboratorio de Bebés de la Universidad de Rochester (EE.UU.). Los autores estudiaron a niños de entre 18 y 30 meses y descubrieron que estos prestaban más atención a la imagen de un artículo que no les resultaba familiar cuando la voz que les explicaba lo que era hacía una pausa y decía "mira el... ehh". Los expertos relacionaron esto con la costumbre de introducir este tipo de pausas cuando los padres están enseñando a hablar a sus hijos y tienen que pensar la palabra correcta. Según ello, los bebés captan estas pausas (que técnicamente se denominan disfluencias) como una señal inequívoca de que están a punto de aprender algo nuevo, lo que les obliga a prestar más atención y favorece que aprendan a hablar de una forma más eficaz.

45
Idiomas: ¿cuándo es el momento ideal para aprenderlos?

Cuanto antes, mejor. Esa parece ser la postura predominante de los expertos respecto a la edad en la que los niños deberían aprender una o más lenguas distintas a la materna. Lo importante es hacerlo de una forma ordenada, coherente y, sobre todo, que resulte divertida para el niño.

El dato
Según un estudio llevado a cabo por la Sociedad Americana de Neurociencia, cuanto antes comience un niño a aprender una lengua mejor podrá asumirla como propia

y, por tanto, llegar a ser bilingüe. Así, cuando los niños son expuestos desde muy temprano a lenguas diferentes, crecen como si tuvieran dos seres monolingües alojados dentro de su cerebro. Este estudio demostró también que la exposición a una segunda lengua no tiene ningún tipo de impacto negativo en la estructura del idioma inicial.

✔ Son muchas las evidencias científicas que demuestran las ventajas del bilingüismo y el aprendizaje de idiomas a edades tempranas. Varios estudios apuntan a que los bebés que están expuestos a varios idiomas durante sus primeros años de vida son más creativos y desarrollan mejor las habilidades relacionadas con la resolución de problemas.

✔ Hay también investigaciones que sugieren que hablar un segundo idioma, aunque sólo sea durante los prime-

ros años de vida, facilita la programación de los circuitos cerebrales de tal forma que el niño está más predis-
puesto al aprendizaje de lenguas distintas a la suya en
un futuro.

✔ Asimismo, desde el punto de vista de la relación pater-
no-filial, se ha demostrado que si los padres y los hijos
no hablan el mismo idioma en el hogar familiar, la
comunicación entre ellos podría llegar a resentirse
negativamente.

✔ Respecto al aprendizaje práctico de lenguas extranjeras,
el profesor Glenn Doman recomienda hablarle en otra
lengua distinta si se tiene oportunidad y desde el primer
momento. La única regla en este sentido es no mezclar
los idiomas: cuando se le esté hablando en español,
hablar sólo español; si se le habla en inglés, hablar sólo
en inglés… "No hay que mezclar idiomas. Aprenderá
ambos sin ningún esfuerzo. Y si puede enseñarle seis
lenguas, eso es seis veces mejor", explica el experto en
su libro *Cómo multiplicar la inteligencia de su bebé.*

✔ En cuanto los mejores métodos para enseñarle otra lengua, los expertos recomiendan el sistema "un padre, un
idioma". Se debe elegir quién de los progenitores o persona que está en contacto con el bebé va a hablarle en
determinada lengua y respetar esa diferenciación al
máximo, de forma que se facilite al niño reconocer los
idiomas como distintos.

✔ Al igual que ocurre con la enseñanza de la lengua
materna, el proceso de aprendizaje de un segundo idioma se estimula hablando mucho con él, leyéndole

cuentos, repitiendo varias veces el nombre de los objetos, utilizando canciones adaptadas a su edad...

Un seguro de memoria en la edad adulta

Según una reciente investigación llevada a cabo por expertos
del Centro de Investigación Pública para la Salud, de Luxem-
burgo, las personas que desde edades tempranas hablan tres,
cuatro o más idiomas pueden tener un riesgo más bajo de desarrollar problemas de memoria. Los autores de estudio constataron que el hecho de hablar varios idiomas permite elaborar procesos cognitivos particulares que podrían en cierta
medida "blindarles" frente el envejecimiento cerebral y al de-
terioro intelectual asociado a la vejez.

46
Cómo interpretar sus dibujos

**No hay que esperar obras maestras ni representaciones
más o menos fieles de la realidad que le rodea. Los dibujos
infantiles tienen unas peculiaridades que hacen que en nada se parezcan a las obras "adultas" y por ello no se deben
emplear los mismos baremos. Lo más importante del dibujo infantil no es tanto el resultado, sino el proceso creativo que se pone en marcha cuando el niño se pon a pintar.**

El dato

"El niño con originalidad mostrará su creatividad desde
la más tierna infancia, mientras que el que está atrave-

sando un periodo difícil puede buscar un modo original de vivir algún tipo de escapatoria, por lo que durante cierto tiempo, el dibujo puede serle de gran utilidad."

Nicole Bédard, experta canadiense en el análisis del dibujo infantil.

✔ Los expertos en el análisis del dibujo infantil diferencian distintos periodos durante los primeros años de vida.

✔ El primero de ellos abarca aproximadamente desde los 18 meses hasta los dos años, y es lo que se conoce como etapa de garabateo. En él, el niño empieza garabateando libremente sobre grandes superficies, aunque al principio su coordinación motora es bastante torpe y sus trazos carecen de control, pero para el niño suponen una excelente oportunidad de expresarse y, sobre todo, comprobar lo que es capaz de hacer, algo que aumenta su seguridad en sí mismo.

✔ Poco después ya empieza a probar utensilios diferentes (es muy importante que padres y maestros le faciliten todo el material) y, además de expresarse a través del dibujo, comienza a "experimentar".

✔ Alrededor de los dos años el niño tiende a pasar más tiempo dibujando, ya que empieza a disfrutar realmente de esta actividad (deja de ser una faceta más de la sucesión de juegos que realiza durante el día y adquiere para él más importancia). A esto contribuye el hecho de que el niño de esta edad ya ha adquirido una mayor destreza, cogiendo firmemente los lápices que está utilizando.

✔ Entre los tres y los cuatro años se puede decir que es

cuando el niño comienza a expresarse realmente a través de sus dibujos y es frecuente que, antes de plasmar los primeros trazos, "publique" a todo el que quiera oírle qué es lo que va a pintar.

✔ Es a los cuatro o cinco años cuando lo que el niño plasma en el papel refleja la realidad: árboles, flores, soles y casas con chimeneas son las representaciones más características.

"Siempre dibuja lo mismo"

La experta canadiense en desarrollo infantil Nicole Bédard explica en su libro *Cómo interpretar los dibujos de los niños* que es frecuente que un niño dibuje una y otra vez la misma imagen u objeto. "En estos casos, lo más importante es asegurarse de que por parte de los padres o algún profesor no ha existido una sobrevaloración de un dibujo anterior de la misma naturaleza. Es el caso del niño que muestra un dibujo a su madre y esta se muestra extasiada y lo alaba exageradamente. El problema es que ello puede desencadenar en el niño la creencia de que su mamá lo quiere por el hermoso dibujo que ha hecho y desde entonces se dedicará a repetirlo."

En caso de que no se produzca esta sobrevaloración, estos dibujos sí que pueden resultar muy reveladores: si el niño ha vivido una experiencia feliz (las vacaciones, los regalos de Navidad), busca reproducir las emociones experimentadas y recrear el estado anímico que le produjo esa experiencia agradable. Pero también, si el dibujo refleja situaciones negativas, puede interpretarse como que el niño no ha logrado aceptar una determinada situación, y hace saber a los adultos a través del dibujo que esto le molesta.

47

Métodos de estimulación de aprendizaje: así funcionan

No se trata de fabricar genios de menos de tres años, sino de ofrecer a los bebes aquellos estímulos más adecuados a su cerebro en formación de forma que se puedan desarrollar una serie de aptitudes que, a su vez, sentarán las bases de su aprendizaje futuro.

El dato

"La buena educación no consiste en una estimulación de estímulos al azar, a los que el niño reaccionará de un modo incontrolado. Es necesario un método o, al menos, un guión."

Dr. Jaroslav Koch

✔ Ya hemos visto cómo el periodo comprendido entre los cero y los tres años es el más productivo e importante en cuanto al desarrollo de la inteligencia infantil. Y es precisamente ese el campo de acción sobre el que trabajan los llamados métodos de estimulación temprana, con el objetivo de ofrecer los estímulos más adecuados para que los bebés de estas edades puedan desarrollar al máximo todas sus potencialidades.

✔ Tal y como explica el doctor Jaroslav Koch en su libro *Superbebé*, este "primer aprendizaje" se diferencia sobre todo del aprendizaje posterior por el hecho de ser un aprendizaje sin experiencia previa. "Un bebé reúne sus primeras experiencias lentamente y con dificultad. Por regla general, las experiencias posteriores se apoyan en las previas, que hacen el proceso de aprendizaje más rápido y más fácil. De ahí que, en las etapas posteriores, el aprendizaje en un campo determinado será tanto más fácil y rápido cuanto mayor sea la experiencia que el bebé ha adquirido en este campo."

✔ Hay métodos que sólo se valen de un instrumento (la música, por ejemplo), pero la mayoría utilizan un conjunto de estímulos de todo tipo entre los que el habla y, sobre todo, el contacto directo con el niño, juegan un papel fundamental.

✔ Independientemente del método elegido, las ventajas de la estimulación temprana sobre el desarrollo infantil han sido avaladas por numerosos estudios. Así, por ejemplo, se ha demostrado que los niños que reciben este tipo de estimulación presentan un cociente intelectual de hasta 6 puntos más alto.

✔ También hay evidencias de que estos niños obtienen muchos más logros educativos, sobre todo en lo que respecta a áreas como las matemáticas y la lectura.

✔ Desde el punto de vista emocional, los niños que han recibido estimulación temprana disfrutan de una mayor autoestima e interaccionan mejor socialmente.

✔ En el caso de los bebés prematuros, con problemas de desarrollo o lesiones neurológicas, la aplicación de la estimulación temprana permite obtener avances muy importantes.

✔ Otra de las ventajas de estos métodos es que, tal y como

han constatado estudios recientes, los beneficios de la estimulación temprana no son aprovechables sólo durante la edad escolar sino que se mantienen durante muchos años.

✔ Cada sistema de estimulación presenta una metodología propia, pero la mayoría de ellos abogan por un desarrollo integral del niño. "Para estimular el desarrollo, no conviene concentrarse en los rasgos aislados. No se pueden cultivar con independencia las facultades individuales. Una facultad determinada sólo debe ser llevada a un alto grado cuando otra serie de facultades han llegado ya a un cierto nivel. El incremento de una facultad debe estar en armonía con el desarrollo de toda la personalidad infantil. Esto es especialmente importante en la primera infancia", explica el doctor Koch.

✔ Por último, todos los artífices de estos métodos reiteran una y otra vez que no se trata de "fabricar" pequeños genios, sino de ofrecer al niño la posibilidad de desarrollar habilidades y aptitudes innatas de la forma más óptima posible.

También, menos violentos

Una intensa y duradera investigación llevada a cabo por expertos de la Universidad de las Antillas, en Jamaica, demostró que los niños que habían sido sometidos a un programa de estimulación infantil eran hasta un 65 por ciento menos propensos a participar en peleas y delitos violentos. Según la doctora Susan Walker, principal autora del estudio, en el que intervinieron 129 bebés jamaicanos con retraso del crecimiento que vivían en una zona pobre, "lo más interesante de los resultados obtenidos fue precisamente la reducción de la predisposición a conductas violentas, algo que no había sido demostrado antes".

48
El Método Doman

Ofrecer al niño de entre 0 y 6 años muchas informaciones, cortas y concisas, en un espacio breve de tiempo y con mucha frecuencia. Así de sencillo es, según el neurocirujano Glenn Doman, hacer que el cerebro infantil desarrolle todo su potencial. Su método se ha convertido en el máximo referente de la estimulación temprana.

El dato

"Todo crecimiento cerebral verdaderamente importante se ha completado esencialmente a la importantísima edad de seis años. No queremos decir con esto que el aprendizaje o el pensamiento se haya terminado a los seis años de edad, pero es cierto que nuestra capacidad de aceptar información o de adquirir habilidades básicas verdaderamente nuevas ha desaparecido. Desde los seis años simplemente construimos habilidades de un modo lateral basado en el grado de capacidad que hayamos adquirido."

Dr. Glenn Doman, neurocirujano estadounidense creador del método de estimulación temprana que lleva su nombre.

✔ Básicamente, este método busca impulsar el desarrollo intelectual del niño desde que nace hasta los 6 años, utilizando para ello un amplio repertorio de juegos y ejercicios.

✔ Según el doctor Doman, el potencial intelectual innato del bebé es mucho mayor del que habitualmente se considera. A diferencia de otros métodos, que implican que los padres asistan a clases o talleres, todas las propuestas de Doman están concebidas para ser aplicadas por los padres y adultos del entorno del niño, a ser posible en casa, para favorecer así el componente afectivo asociado a estos estímulos.

✔ Para ello, propone programas de lectura, inteligencia, matemáticas, lengua extranjera y musical, consistentes en la presentación de Bits o unidades de información que se le enseñan al niño en una cartulina (o, también, en presentaciones de Power Point) llenas de contenidos precisos y concretos que se le muestran de la forma más rápida posible.

✔ La finalidad de ello no es que el niño memorice todas las informaciones que los padres le transmiten, sino estimular el cerebro infantil para ayudarle a crear el mayor número posible de conexiones neuronales.

✔ "El primer paso que se puede dar para multiplicar la inteligencia de su bebé es enseñarle un gran número de hechos y el segundo, presentarle los hechos con frecuencia para asegurar su almacenamiento permanente", explica el experto en su libro *Cómo multiplicar la inteligencia de su bebé.*

Su receta para el éxito

El profesor Doman elaboró la siguiente "receta para el éxito" dirigida a los padres y la título "Cómo hacer que su hijo sea increíblemente capaz":

1. Enséñele porque piensa que es una gran idea y un privilegio para usted.
2. Hable con claridad, en voz alta y con entusiasmo.
3. Relájese y diviértase.
4. Confíe en su hijo: muéstrelo en su actitud, maneras y acciones.
5. Déle siempre informaciones nuevas.
6. Cuando conozca una información antigua, abandónela.
7. Enséñele con finalidad y de un modo organizado.
8. Haga unos materiales de aprendizaje fáciles de ver.
9. Proporciónele un entorno libre de distracciones visuales, auditivas y táctiles.
10. Enséñele sólo en aquellos momentos en que se siente bien y está feliz.
11. Enséñele siempre los materiales muy, muy rápidamente.
12. Deténgase siempre antes de que él quiera parar.
13. Confíe en que sabe las cosas que le ha enseñado.
14. Esté de su parte; apueste por él.
15. Esté dispuesto a cambiar siempre su enfoque; haga que cada día sea nuevo y excitante.
16. Preséntele el conocimiento como un privilegio que se ha ganado.
17. Siempre, siempre, siempre, dígale la verdad.
18. Mantenga siempre las promesas que le haya hecho.
19. Déle la respuesta correcta sin incidir en la equivocada.

Cuarta parte

20. No lo ponga a prueba: si él quiere demostrarle lo que sabe y lo consigue, confíe en que lo sabe.
21. Cuando le haga una pregunta, respóndale de modo sincero y factual, con entusiasmo.

49
El método del doctor Koch

Aprovechar todo el potencial de los bebés durante los primeros meses de vida a través del juego y de actividades lúdicas. Esa sería, en resumen, la premisa básica sobre la que se estructuran las teorías del psicólogo checo Jaroslav Koch, considerado por muchos como el padre de la estimulación temprana.

El dato
"La esencia de una buena crianza es el amor sincero de los padres por sus hijos. No puedes programar a tu hijo para que sea químico, pero sí fijarte un objetivo más general: educarle para que sea una persona cabal, capaz de poner en práctica, en la medida de lo posible, todo su potencial."
Dr. Jaroslav Koch, psicólogo checo y autor del libro *Superbebé*.

✔ Para el doctor Koch, la educación del niño debe empezar desde sus primeros días de vida, ya que ese es el momento adecuado para comenzar a modelar su personalidad futura.

✔ El objetivo de esta educación no consiste en acelerar su desarrollo, sino en aprovechar plenamente todo el potencial infantil desde el principio.

En la edad temprana, el niño aprende exclusivamente a través de sus actividades. "Educar quiere decir incitarle a actividades mediante las cuales pueda aprender algo nuevo y útil", explica el experto. Por eso, hay que proporcionar al niño el máximo de oportunidades para adquirir la gama más variada posible de experiencias.

✔ Es importante estimularle y alentarle para que se entregue a la actividad, pero nunca forzarle. "El niño necesita

el máximo de libertad, ya que las denominadas actividades de autodesarrollo tienen lugar principalmente cuando goza de amplia oportunidad de entregarse a ellas".

✔ Por esta razón, cuando el niño aprende algo, hay que
ayudarle, pero la intervención del adulto debe reducir-
se al mínimo.

✔ Koch también recomienda que el niño permanezca en
contacto con la gente en la medida de lo posible. Concretamente en el caso del recién nacido, explica que
debe mantener un contacto activo tan constante como
sea posible con un pequeño grupo de personas que le
sean familiares, en particular los padres.

✔ Asimismo, hay que tratar de suscitar y conservar el
buen humor del niño, procurándole así una niñez
dichosa y alegre.

✔ Y, sobre todo, el doctor Koch insiste en que no todos
los niños son iguales y los padres deben respetar en
todo momento las características individuales de su
hijo. "En la crianza de los niños, hay que atenerse no
solo a los principios generales de una buena educación,
sino también al sentido común."

El Programa de Praga

Los estudios pedagógicos llevados a cabo por el doctor Jaroslav Koch fueron transformados en un método práctico
por la doctora Christa Ruppelt que recibió el nombre de Programa de Praga para padres y niños (PEKiP, en sus siglas
en alemán). Dicho programas, que desde su puesta en marcha en la década de 1970 ha sido seguido por miles de per-

Elizabeth Doodson

sonas, se basa en cuatro objetivos fundamentales: acompañar y apoyar al niño durante su desarrollo mediante el estímulo de sus movimientos, sentidos y juegos; posibilitar y potenciar el intercambio de experiencias entre los padres; reforzar la relación entre el niño y sus padres; y facilitar que el niño entre en contacto con otros niños de su edad, así como con otros adultos.

50
El método de Emmi Pikler

Para la pediatra húngara Emmi Pikler, el desarrollo motor es espontáneo, por lo que, si se le proporcionan a los bebés ciertas condiciones, estos son capaces de alcanzar por sí mismos "hitos" tan importantes en su desarrollo como sentarse o ponerse de pie.

El dato

"Es preciso que nos ocupemos del niño pequeño con amor, con paciencia. Hemos de enseñarle tantas cosas que sólo puede aprender de nosotros, a través de nosotros. Pero resulta inútil y hasta desventajoso enseñarle a sentarse sentándole, a ponerse de pie poniéndole de pie, etc., cosas que él puede aprender por sí mismo, por su propia iniciativa, con una mejor calidad, mediante tentativas cargadas de alegría y seguridad."

Emmi Pikler, pediatra húngara creadora del método que lleva su nombre.

Cuarta parte

✔ Dejar a los bebés a su ritmo: esta es en resumen la idea
central del método de estimulación puesto en marcha
por la pediatra Emmi Pikler, directora del Instituto
Metodológico de Educación y Cuidados de la Primera
Infancia en Budapest, creado para atender a bebés que
necesitaban cuidados especiales.

✔ Básicamente, todas sus propuestas se articulan en torno
a dos conceptos: respetar al niño y limitar la intervención
del adulto en su desarrollo a unos aspectos concretos.

✔ Contrariamente a lo que proponen otros métodos,
Pikler no recomienda "pautas" o "dirigir" el juego
infantil, sino aprender a interpretar las señales de los
niños y ofrecerles los espacios y las experiencias que
estos necesitan, sin coartar en ningún momento sus
movimientos.

✔ Además de esto, hay una serie de actitudes que ayudan
a crear alrededor de los bebés el entorno ideal para desarrollar sus habilidades:

✔ La primera es hablarle constantemente: desde que
nace, es conveniente explicarle en qué consisten todas
las acciones en las que él está implicado: el cambio de
pañal, el baño, la hora de la comida... Según Pikler, el
bebé realiza la mayoría de sus experiencias sociales en
estas actividades cotidianas.

✔ También defiende la idea de que nunca hay que acelerar las pautas de desarrollo del niño. Es muy importante no forzar al niño a que adopte ninguna postura ni
movimiento. "La intervención del adulto durante los
primeros estadios del desarrollo motor (es decir, dar la

vuelta al niño, sentarle, ponerle de pie, darle la mano para animarle a andar…) no es necesaria para que estos alcancen estas destrezas", señalaba la experta.

✔ Y, por último, señala la necesidad de ofrecerle el espacio adecuado, adaptado a su necesidad de movimiento para que puedan desarrollarse sin riesgo. Lo ideal es que se trate de una zona diáfana, en la que el niño pueda dar rienda suelta a sus movimientos.

Una inyección de autoconfianza

Durante su experiencia con bebés, la doctora Pikler comprobó que aquellos en los que la intervención de los padres era mínima se mostraban generalmente activos, satisfechos, alegres y, también, mantenían excelentes contactos con sus padres y su entorno. Y, además, cada nueva fase, así como la actividad constante, la experimentación y el ejercicio autónomos, suponían una fuente de alegría para estos niños, producida al comprobar cómo por sí mismos iban alcanzando sus pequeños "logros".

51
Métodos audiovisuales de estimulación: ¿de verdad funcionan?

Hasta hace un tiempo se presentaban casi como la panacea para conseguir estimular la inteligencia infantil. Sin embargo, las últimas investigaciones han cuestionado el papel real que juegan los DVD's y otros métodos audiovisuales concebidos para potenciar el desarrollo cognitivo de los más pequeños.

Cuarta parte

El dato

"Instaríamos a los padres de los niños menores de dos años que eviten pasar un tiempo excesivo frente a la pantalla con sus hijos. El juego es el 'trabajo' de la infancia, no el sentarse durante horas frente a una pantalla." Dr. Don Shifrin, profesor clínico de pediatría en la Facultad de Medicina de la Universidad de Washington.

✔ Pequeños Einstein, bases para "fabricar" un Beethoven; estimular las dotes pictóricas antes de los tres años... Son algunas de las promesas de la amplia gama de métodos audiovisuales destinados a desarrollar de forma temprana la inteligencia del bebé.

✔ El concepto de base es el mismo que el de los métodos de estimulación precoz tradicionales. Sin embargo, el hecho de que impliquen que el niño permanezca

143

mucho tiempo delante de una pantalla, sin apenas moverse, ha dado lugar a que los expertos hayan empezado a cuestionar su conveniencia.

✔ Algunos investigadores han comprobado que los niños que comienzan a utilizar esta metodología a una edad temprana son más propensos a mostrar menos capacidad en el lenguaje que aquellos que nunca estuvieron expuestos a estos métodos o que comenzaron a hacerlo más tarde.

✔ Uno de los estudios al respecto fue llevado a cabo por expertos de la Universidad de Virginia y en él se demostró que aquellos niños que veían habitualmente DVD's para bebés no habían aprendido más palabras. Es más, los autores de la investigación pudieron constatar incluso que los niños que en las pruebas habían demostrado un aprendizaje mayor de términos lingüísticos no sólo no habían estado expuestos a estos métodos audiovisuales sino que además habían realizado más actividades conjuntas con sus padres.

✔ Estos resultados corroboraron otros obtenidos anteriormente en un estudio con niños de 8 y 16 meses de edad llevado a cabo por expertos del Instituto de Salud Infantil de Seattle (EEUU), y en el que los expertos constataron que cada hora diaria de exposición a DVD/videos para bebés estaba asociada con una reducción de 17 puntos en los resultados de una prueba sobre el desarrollo del lenguaje llamada Inventario de Desarrollo Comunicativo (CDI por su sigla en inglés). Esto corresponde a entre seis y ocho palabras de diferencia en uno de cada 90 niños a los que se les realizó el CDI. El equipo halló también que cuando los padres les leían o contaban cuentos a sus hijos por lo menos una vez por día aumentaba el vocabulario del niño

✔ Una de las razones que explican la poca eficacia de estos métodos, en opinión de los expertos, es el hecho de que los niños no entienden la relación entre lo que sucede en la pantalla y el mundo real que les rodea. Por ejemplo, los bebés no pueden entender que la tacita que está en la televisión es la misma que tiene en la mano, a menos que tenga a su padres a su lado y estos le ayuden a establecer la relación.

✔ Por tanto, si bien no se puede decir que estos métodos sean nocivos en sí mismos, la clave para sacarles partido parece estar en la participación paterna: no se trata de dejar a los niños delante del televisor por su cuenta y esperar a que por sí solos interpreten lo que les devuelve la pantalla.

Cómo manejarlos para que funcionen

El doctor Don Shifrin, profesor clínico de pediatría en la Facultad de Medicina de la Universidad de Washington, y autor de uno de los estudios sobre los beneficios de los métodos audiovisuales, recomienda a los padres que opten por usar los vídeos y DVD's de aprendizaje temprano seguir algunas recomendaciones:

✔ Ver el video con anticipación y asegurarse de que tenga un ritmo lento y deliberado. Está demostrado que los niños aprenden mejor a este ritmo que a otros más acelerados.

✔ Visionar el video con el bebé y hablar con él durante el mismo, al modo que lo haría un comentarista deportivo. Es importante que los padres le ayuden a extraer conexiones entre las ideas expuestas en el video y los objetos que le rodean en el hogar.

✔ Apagar el televisor cuando termine el video y permitir que el niño juegue un rato, por ejemplo, con actividades relacionadas con lo que acaba de ver.

52
Potenciar sus dotes artísticas

Los garabatos y otras manifestaciones que el niño puede realizar con la ayuda de pinturas o lápices de colores y los trabajos con plastilina suponen una estupenda opción para que desarrolle sus dotes artísticas. Lo que importa es el proceso en sí, no el resultado final de la "obra".

El dato

Según la pediatra francesa Françoise Dolto, famosa por sus descubrimientos en psicoanálisis en la infancia, para que el niño dé rienda suelta a sus dotes artísticas lo más importante es la libertad. Por eso es importante ofrecerle espacios amplios y vestirle con ropas adecuadas para que el miedo a mancharse o a romper algo no limite su expresividad.

✔ El hecho de coger un lápiz y plasmar un trazo en un papel (o en la pared, un "lienzo" por el que los más pequeños parecen tener una especial querencia) supone para el niño una experiencia muy gratificante, ya que a través de ella descubre por sí mismo que cada movimiento de su mano deja una huella.

✔ Además, para los niños, la pintura supone una maravillosa oportunidad de experimentar y para sacar todo el partido a sus habilidades artísticas potenciales (y, de paso, desarrollar su psicomotricidad); por eso es muy importante facilitarle tanto el material como el espacio adecuado y, después, dejar que dibuje a su aire. Pintar y colorear nunca deben ser actividades dirigidas.

✔ Además de los lápices de colores adecuados a su edad, los niños disfrutan mucho con técnicas como el collage, la estampación (basta con ofrecerle una patata cortada y pintura para impregnarla) y el goteado (sobre el suelo totalmente cubierto, colocar al niño sobe una cartulina y, con un pincel en la mano, dejar caer gotas de pintura y comprobar el resultado "abstracto" obtenido).

✔ Y lo mismo ocurre con otra faceta artística: jugar con plastilina. Según los expertos, en el hecho de ablandar y moldear esta masa de color para mezclarla luego con otras están implicados aspectos esenciales en el desarrollo del niño como la capacidad de concentración, una mayor facilidad para los procesos de lecto-escritura, el autocontrol y la predisposición a fijarse metas a corto y largo plazo.

Fomentar el "arte" del garabato

✔ Es importante proporcionarle al niño los medios adecuados para que dé rienda suelta a su creatividad pictórica (papeles, lápices adaptados a su edad...) y, también, mucho espacio para que lleve a cabo esa actividad de la forma más concentrada posible, sin que otro estímulo, visual o sonoro, interfiera en su realización.

✔ No hay que pedirle que realice un dibujo determinado, sino que hay que dejar que sea su imaginación la que lo motive y lo guíe.

✔ Al principio, los colores empleados no tienen gran importancia, así que no tiene sentido pretender que los tonos que utilice armonicen ni combinen entre sí.

✔ Nunca hay que perder de vista que el niño que garabatea disfruta más durante el proceso que con el resultado.

53
Favorecer su gusto por la música

Para formar a un pequeño "melómano", nada mejor que facilitarle de forma constante un repertorio musical lo más amplio y variado posible, testando en cada momento qué es lo que le agrada y estimula y cuáles son las canciones que rechaza o que afectan negativamente a su estado de ánimo.

El dato

Una investigación llevada a cabo por psicólogos de la Universidad de McMaster, en Canadá, demostró que la

enseñanza musical temprana acelera el desarrollo del cortex cerebral de los niños y que, además, tiene un efecto positivo sobre el desarrollo de la memoria y la atención.

✔ Al igual que ocurre con el habla, cuantos más estímulos musicales reciba el niño desde sus primeros días de vida, mejor predisposición tendrá a desarrollar el gusto por la música y a potenciar su sentido del ritmo.

✔ Aunque hay evidencias de que la música clásica resulta especialmente rítmica y relajante para los bebés, lo cierto es que cualquier composición (nanas, canciones infantiles, muñecos musicales…) es beneficiosa en el sentido de que crea alrededor del niño un ambiente rico en estímulos sonoros y rítmicos.

✔ Glenn Doman recomienda ofrecer al niño estímulos musicales con toda la frecuencia que se pueda. "Procure que escuche la mejor música posible, utilizando reproductores o cualquier otro método".

✔ Uno de los temas más controvertidos respecto a la estimulación musical temprana ha sido el conocido como "Efecto Mozart", esto es, la repercusión de las obras de este compositor en el desarrollo cognitivo de los niños. Varias investigaciones habían apuntado los beneficios de este tipo de música a nivel cerebral. Sin embargo, un reciente estudio llevado a cabo por expertos del Departamento de Psicología de la Universidad de Viena, en Austria, ha venido a echar por tierra lo que muchos científicos ya califican de mito. Los investigadores austriacos constataron que no es la música del genial compositor en sí la que produce beneficios a nivel neuronal, sino que es el estímulo musical, independientemente de cuál sea el compositor o autor, lo que favorece al cerebro infantil a nivel cognitivo.

✔ Al igual que ocurre cuando se le ofrecen otro tipo de estímulos sonoros, es importante que cuando el niño escuche música no haya otro sonido (la televisión, por ejemplo) que distorsione la audición.

✔ A medida que el niño va creciendo, se le pueden impartir nociones de "musicoterapia casera", grabando un CD que contenga piezas con ritmos musicales distintos; enseñarle a diferenciar los distintos instrumentos, pedirle que dibuje lo que le transmite o inspira determinada canción...

✔ Todos los juguetes infantiles que simulan instrumentos (guitarras, pianos, tambores) son muy útiles en este sentido.

✔ Uno de los instrumentos más recomendados en la primera infancia es el xilófono. Además de emitir un sonido muy agradable, ofrece la posibilidad de jugar a identificar las distintas notas.

Sonidos que potencian la creatividad

Tal y como explican los expertos de la fundación norteamericana Zero to Three, el intercambio musical entre padres y bebés es un trampolín para la creatividad y la imaginación. A los niños les encanta inventarse palabras sin sentido y nuevos sonidos para ajustarlos a melodías conocidas, y es normal que se inventen nuevas canciones para acompañar a sus actividades cotidianas. Todo ello es muy importante, ya que les ayuda a desarrollar su intelecto y contribuye en gran medida a alimentar su amor por el sonido musical y el lenguaje.

54

Formar a un futuro lector

Fomentar el gusto por la lectura de los más pequeños puede ser tan sencillo como procurar que estén en contacto con los libros desde edades muy tempranas y, sobre todo, que vean que los padres cultivan también este hábito.

El dato

Investigaciones recientes han demostrado la importancia que tiene estar en contacto con experiencias y actividades nuevas en la adquisición temprana de las habilidades relacionadas con la lecto-escritura. Mediante la interacción con su entorno, los niños adquieren destrezas para hablar, leer o escribir mucho antes de iniciar su vida escolar.

✔ Tan pronto como el niño sea capaz de prestar un mínimo de atención –por lo general, a partir de los tres
meses–, hay que empezar a ponerlo en contacto con
los libros, enseñándoselos, mostrándole cómo se pasan
las páginas y permitiendo que los toque.

Lo mejor es empezar con libros que tengan grandes imágenes
de colores vivos.

✔ Se debe utilizar un lenguaje sencillo y lleno de exclama-
ciones cuando se hable con él sobre los dibujos e imágenes contenidas en el libro.

✔ Instaurar desde muy pronto la costumbre de leerle un
cuento todas las noches es una estupenda manera de
acercarlo a la lectura.

✔ Los libros que incluyen "sorpresas", como sonidos,
puzles o desplegables en su interior, son muy recomendables, ya que ayudan a que el niño asocie la lectura
con la diversión.

✔ No te limites a leerle el contenido del libro: es importante que comentes con él la portada, los dibujos, los
personales, etc. Intenta también poner voces distintas
para cada uno de los personajes de los cuentos, exage-
rando a ser posible la pronunciación.

✔ En cuanto ya tenga la destreza manual suficiente, es importante dejarle manipular los libros y pasar las páginas.

✔ Aproximadamente, a partir del año es una buena idea
que, al leerle un cuento, vayas poniendo el dedo debajo de las palabras, de izquierda a derecha, para que vaya

comprendiendo el sentido de la lectura y se familiarice con las letras.

✔ Anímale a que te cuente una historia similar a la de algunos de los cuentos que leéis juntos y en la que él sea el protagonista.

✔ Cuando ya tenga edad, ve con él a comprar los libros y deja que sea el niño quién elija.

Sílabas precoces, no; diversión, sí

Hay que tener en cuenta que fomentar el gusto del niño no implica que el objetivo sea conseguir que lea y escriba antes de la edad que le corresponde. Lo que se persigue es potenciar una serie de habilidades y destrezas que van a facilitar, entre otras, la capacidad de expresión y la compresión lectora. No hay que intentar, por tanto, que el niño reconozca precozmente letras y sílabas y las relacione formando palabras, sino que de lo que se trata sobre todo es de que se divierta y, también, de que descubra que a través de los libros puede relacionarse con sus padres y, también, con los demás.

55
Cómo estimular la actividad física

Un niño "movido" es un niño que se está desarrollando en las condiciones adecuadas. Los expertos son unánimes al afirmar que favorecer la actividad física en los niños, desde edades muy temprana, tiene múltiples beneficios sobre su desarrollo, además de "mantenerlos en plena forma".

El dato

El hecho de que el bebé pueda realizar con total libertad movimientos vivos y espontáneos intensifica su circulación, la respiración, la digestión y otras muchas funciones corporales; pero, sobre todo, este tipo de actividad física constituye el mejor entrenamiento para desarrollar y entrenar su psicomotricidad.

✔ Sin duda, la mejor forma de poner al bebé "en marcha" es a través del juego. De hecho, el psicólogo francés J. Piaget, en su célebre clasificación de las etapas del juego infantil, señala que la primera de todas es el periodo de juego como ejercicio. En esta etapa, que también recibe el nombre de motor-sensorial, el niño se limita a hacer los ejercicios y actividades que descubre pero sin ninguna finalidad, únicamente porque le gustan. Se trata de una actividad completamente lúdica.

✔ Es importante que el niño disponga del suficiente espacio para moverse. Lo mejor es reservar la cuna sólo para dormir, y lo mismo ocurre con el uso que se da a la silla y el cochecito: sólo para salir. Cuanto mayor sea el espacio del que disponga el niño cuando está despierto, más se moverá.

✔ Uno de los ejercicios más efectivos para iniciar a un bebé en la actividad física es el del pataleo. Para ello, hay que colocar al niño sobre una superficie blanda, con las piernas dirigidas hacia ti y dobladas de forma que toquen tu abdomen. Al inclinarte ligeramente sobre él, empezará a agitar las piernas y a golpear tu tripa. Si le tocas las plantas de los pies con los dedos, doblará sus piernas, y si le presionas suavemente, alternará la extensión y flexión de las piernas.

✔ La mayoría de las actividades que implican movimiento (como jugar debajo de los gimnasios didácticos) sirven al niño no sólo para ejercitarse sino también para estimular su psicomotricidad.

✔ Una de las mejores opciones para fomentar en el niño el gusto por la actividad física es iniciarle en la natación, uno de los escasos deportes que se pueden empezar a practicar con pocos meses de edad (a partir de los 5-8 meses). Además, está demostrado que los niños que practican estas actividades acuáticas son mucho más abiertos socialmente y, también, desde el punto de vista de la psicomotricidad, son más hábiles.

Otro riesgo del sedentarismo

Además de la privación lógica de estímulos y del desarrollo de habilidades, los expertos han establecido una relación directa entre los alarmantes niveles de obesidad infantil y el hecho de que los niños cada vez sean más sedentarios. Pero, además, una reciente investigación ha arrojado un dato más que demuestra hasta qué punto es importante que los niños se mantengan activos. Según expertos de la Universidad australiana de Sidney, los niños pequeños que pasan demasiado tiempo viendo la televisión o jugando a videojuegos presentan unas arterias más estrechas que los que son físicamente más activos, lo cual supone un importante factor de riesgo cardiovascular en la edad adulta. Los autores del estudio constataron que los niños que pasaban más de una hora diaria realizando actividades al aire libre presentaban una mejor salud cardiovascular, algo que hay que sumar a la larga lista de beneficios que el ejercicio tiene sobre el desarrollo infantil.

56
Ayudarle a desarrollar su atención

El secreto para captar la atención del niño –algo no siempre fácil– es que el juego, estímulo o actividad sea sencillo, perfectamente identificable y, sobre todo, que le divierta y le permita pasarlo bien.

El dato

Según las investigaciones realizadas por expertos del Instituto para el Desarrollo del Potencial Humano (EE.UU.), cuando se trata de estimular o enseñar habilidades a los niños de forma temprana, hay que tener siempre en cuenta un dato importante: los bebés tienen periodos de concentración muy cortos, de aproximadamente cuatro segundos, de ahí la importancia de aprovecharlos muy bien.

✔ El doctor Jaroslav Koch ofrece las claves que permiten saber si el niño está atento o, por el contrario, determinada actividad o estímulo no suscita en absoluto su interés: mantiene una observación atenta, con los ojos abiertos, de todo lo que ocurre a su alrededor e, incluso, cambia de postura para ver mejor. Por el contrario, la falta de observación, o una mirada pasiva y resignada, fija en un punto, e incluso la negativa a levantar o volver la cabeza, son síntomas inequívocos de que el niño no está atento ni interesado.

✔ Cuando se quiere que el niño preste atención a un tema o actividad en concreto, lo mejor es hablarle de forma lenta y candenciosa. Unas palabras suaves y serenas le ayudarán a relajarse y a estar más atento.

✔ Hay que intentar eliminar los estímulos fuertes (luminosos, acústicos, visuales...) que se encuentren a su alrededor.

✔ Ya hemos visto la importancia que tiene mantener la rutina de sus ciclos biológicos: vigilia-sueño, alimentación, baño... Cualquier alteración en este sentido propiciará que se descentre.

✔ La repetición de juegos y tareas es fundamental para el niño, ya que le permite consolidar lo aprendido, dominar determinada actividad y, además, realizarla poniendo en ella toda su atención.

✔ Tan determinante como ofrecerle estimulación es escucharle, atender a sus posibles demandas y, sobre todo, mantener la calma.

✔ Y si el niño no está por la labor, esperar a otro momento más propicio para ofrecerle un estímulo o realizar con él alguna actividad.

Calma para atender

Una investigación ha demostrado que la meditación puede ayudar a regular la onda cerebral conocida como ritmo alfa, la cual reduce el volumen de las distracciones. Es cierto que los bebés son aún muy pequeños como para llevar a cabo con ellos técnicas de relajación propiamente dichas, pero sí que está demostrado que los ambientes tranquilos y armónicos propician que el niño permanezca más atento y se distraiga menos. Exponer al niño a menudo a periodos de tranquilidad, en un espacio que le resulte confortable, puede ayudarle a regular este ritmo alfa, que está directamente relacionado con las células que procesan los sentidos como el tacto, la vista y el oído en la corteza del cerebro. Bien modulada, esta onda cerebral ayuda al cerebro a ignorar las distracciones. Según los autores de la investigación, el conocimiento de cómo funcionan las ondas alfa puede proporcionar las claves sobre posibles tratamientos y métodos para aliviar problemas que afectan a los niños como el trastorno por déficit de atención con hiperactividad.

57
Por qué es tan importante que gatee

Para muchos padres se trata simplemente del preámbulo al momento en que el niño se pone de pie y empieza a caminar. Pero el acto de gatear implica muchos más beneficios, sobre todo para su desarrollo intelectual, de lo que puede parecer.

El dato
Los expertos insisten en que para facilitar al niño la acción de gatear es importante ponerle una ropa cómo-

da, preferiblemente descalzo, y proporcionarle un espacio lo suficientemente amplio y seguro para desplazarse. No hay que preocuparse si el niño, en vez de gatear, se arrastra, ya que este tipo de desplazamiento supone una postura intermedia que los bebés mantienen más o menos tiempo, pero que siempre precede al gateo.

✔ Está demostrado que el niño que gatea mucho aprenderá a sostenerse sobre las piernas relativamente pronto. Y es que esta actividad le proporciona elementos básicos para adquirir la bipedestación: desde esa postura, el

niño puede agarrase a muebles u objetos y ponerse de pie sin ayuda y, desde ahí, ensayar todo un repertorio de apoyos y destrezas que le van a permitir caminar e ir alcanzando progresivamente una mayor independencia.

✔ Pero además, la acción de gatear ejerce un importante beneficio a nivel neurológico: el gateo supone el movimiento simultáneo del brazo y la pierna contrarios, lo que a su vez favorece la interrelación entre los dos hemisferios cerebrales mediante el desarrollo de un canal de fibras nerviosas (el cuerpo calloso) que conecta ambos hemisferios.

✔ Las investigaciones realizadas al respecto han demostrado que cuanto más gatea el niño, más velocidad de interconexión se produce entre los dos hemisferios cerebrales y, por tanto, mayor intercambio de información, con todas las repercusiones positivas que ello tiene en el desarrollo intelectual infantil: facilidad para la lectura y escritura, rapidez para relacionar conceptos, una capacidad de pensamiento abstracto más desarrollada...

Animarle a intentarlo

Hay que tener en cuenta que el gateo es un desplazamiento que se adquiere de forma evolutiva, es decir, el niño va a empezar a gatear de forma espontánea, pero sí que es importante ofrecerle el entorno y las condiciones que favorezcan que alcance este hito tan importante en su desarrollo:

✔ Asegurarse de que tenga el suficiente espacio en el que pueda intentar distintas posiciones, que le van a preparar para alternar de forma rítmica sus brazos y piernas, claves en el gateo.

✔ Apelar a su interés y curiosidad colocando un juguete ante él, pero fuera de su alcance, para animarle a desplazarse hacia él gateando.

✔ No perder de vista que la posibilidad de desplazamiento que le proporciona el gateo abre nuevos horizontes a sus intereses exploradores, lo que puede hacer que se adentre en terrenos hasta ahora desconocidos y que pueden entrañar algún peligro, así que no hay que bajar la guardia y vigilarlo en todo momento.

Quinta parte

PARTE V:
EL DESARROLLO DE SU PERSONALIDAD

58
¿Qué carácter tiene?

Los expertos señalan que desde las primeras semanas de vida la mayoría de los niños ya "apuntan maneras" en lo que a sus rasgos de carácter se refiere. La forma en la que lloran, su actividad durante los periodos de vigilia o la manera en la que reclaman la atención de sus padres pueden ser indicios bastante significativos en este sentido.

El dato

"Hay que aceptar al niño tal como es y no forzarle a desarrollarse de acuerdo con los deseos y la imagen que se forjan los padres. Buscar lo que existe en él de bueno y de hermoso, lo que será útil en el futuro para él y la sociedad, lo que conviene acentuar y los elementos perturbadores que pueden ser eliminados."

Dr. Jaroslav Koch, experto en educación temprana.

✔ Ya desde que nacen, muchos niños dan muestras obvias de algunos rasgos de carácter. ¿Cómo detectarlas? Pues con la simple observación de sus actividades cotidianas. Pero para ello es muy importante ofrecerles desde el principio el mayor número de oportunidades para que demuestren y desarrollen su forma de ser.

✔ Tal y como explica el doctor Jaroslav Koch, para descubrir los rasgos definitorios del carácter del bebé hay que proporcionarle un campo de actividades lo más amplio posible. "Fijándote en lo que elige con mayor frecuencia, en lo que comprende más rápidamente, en aquello en lo que tiene éxito, a partir de qué experiencias aprende más deprisa, serás capaz de saber en qué aspectos tiene un mayor o menor potencial de desarrollo."

✔ Por otro lado, investigaciones recientes han demostrado hasta qué punto los rasgos de carácter demostrados durante el primer año de vida pueden ayudar a predecir determinado tipo de conductas futuras. Expertos de la Universidad de Chicago, en Estados Unidos, analizaron a un total de 1.863 niños y llegaron a la conclusión de que aquellos que durante sus primeros doce meses de vida habían sido menos caprichosos y habían demostrado actitudes predecibles para su edad, presentaban un riesgo menor de manifestar conductas conflictivas en el futuro, mientras que la tendencia a ser caprichoso y a quejarse con frecuencia podía pronosticar una mayor predisposición a decir mentiras, hacer trampas, ser desobedientes y, en general, presentar un mal comportamiento tanto en casa como en la escuela.

✔ Esta investigación dejó también de manifiesto la repercusión que la estimulación temprana en general y la interrelación directa con la madre en particular puede tener en la definición de los rasgos del carácter infantil. Aquellos niños que durante el primer año de vida presentaban unos niveles bajos de estimulación cognitiva, tenían más riesgo de adoptar conductas conflictivas en el futuro.

Cinco tipos de bebés

En su libro *El secreto de tener bebés tranquilos y felices*, Tracy Hogg y Melinda Blau, expertas en desarrollo infantil, explican que los niños encajan en cinco grandes patrones de temperamento:

✔ El bebé angelito: Es apacible, se pasa el día sonriendo y es poco exigente. Sus señales son fáciles de interpretar. No le preocupa encontrarse en un entorno desconocido y es muy fácil de tratar. Come, juega y duerme sin problema.

✔ El bebé "de libro": Las autoras definen a este tipo de niño como predecible y fácil de manejar. Llega a todas las etapas importantes de su desarrollo según los estándares marcados. Con tan solo una semana de vida es capaz de jugar a solas durante periodos de tiempo cortos, hace muchos gorgoritos y mira alrededor.

✔ El bebé susceptible: Para él, el mundo es una sucesión interminable de desafíos sensoriales. A veces llora sin motivo aparente y a menudo se pone nervioso cuándo lo han cogido varias personas. Puede jugar solo unos minutos, pero necesita la seguridad de saber que cerca hay alguien a quien conoce. Suele tener dificultades para quedarse dormido.

✔ El bebé movido: Según las autoras, parece haber salido del útero sabiendo lo que le gusta y lo que no, y no dudará un momento antes de hacérselo saber a sus padres. Es muy gritón y su lenguaje corporal suele ser un poco brusco. Es probable que se percate de la existencia de los demás bebés antes de que éstos lo perciban.

✔ El bebé gruñón: No ríe demasiado durante el día y protesta cada noche cuando lo acuestan. Cuando se le cambia o se le viste se pone nervioso e irritable. Debido a su irascibilidad innata, necesita que sus padres tengan mucha paciencia.

59
Claves para manejar el carácter infantil

Cada uno nacemos con unos rasgos de carácter. Son los padres los que deben determinar cuáles son las peculiaridades de sus hijos desde el punto de vista de su temperamento y, en función de ello, adoptar medidas que se adapten a ello.

El dato

Los psiquiatras norteamericanos Alexander Thomas y Stella Chess estudiaron hasta qué punto el temperamento se mantiene inalterable a lo largo de la vida e identificaron y llegaron a la conclusión de que la relación que los padres mantengan con sus hijos es determinante en este sentido.

✔ Una de las investigaciones más interesantes respecto a las repercusiones que la actitud de los padres pueden tener en el temperamento infantil fue la que llevaron a cabo en los años 50 del siglo XX los psiquiatras norteamericanos Alexander Thomas y Stella Chess, en la que estudiaron a un total de 141 niños a los que siguieron desde que eran bebés hasta su edad adulta.

✔ Los expertos identificaron tres tipos básicos de temperamento: el niño fácil, es decir, aquel que establece fácilmente unas rutinas regulares, es alegre en general y se adapta con facilidad a experiencias nuevas (el 40 por ciento de la muestra); el niño difícil, entendiendo por tal el que es irregular en sus rutinas diarias, lento a la hora de aceptar experiencias nuevas y con tendencia a reaccionar negativa e intensamente ante las novedades (el 10 por ciento); y los que denominaron "el niño que tarda en calentar motores" (un 15 por ciento), al que definieron como aquel que manifiesta reacciones comedidas frente a los cambios que se producen en su entorno, tiene un humor negativo y es lento a la hora de ajustarse a las experiencias.

✔ Los expertos concluyeron que estos tres tipos de temperamentos se podían modificar en virtud de la relación que los niños mantenían con diferentes tipos de padres. Así, por ejemplo, a los niños difíciles les iría mejor con unos padres muy sensibles que sepan cuándo hay que empujarles y cuándo replegarse, mientras para los niños fáciles, las respuestas parentales importan menos, ya que se recuperan bien ante los contratiempos.

✔ En la misma línea, la doctora Kathy Hirsh-Pasek, directora del Laboratorio Infantil de la Universidad de Temple, defiende que "todos sabemos que los bebés felices nos hacen sentir mejor como padres, así que nos relacionamos más con ellos. Por el contrario, los bebés difíciles nos provocan rechazo y parecen generar relaciones muy diferentes, incluso por parte de los propios padres. En cierta medida, el temperamento de nuestros hijos influye en el tipo de atenciones parentales que recibirá".

✔ Una de las investigaciones más recientes realizada sobre el carácter infantil es la que ha sido llevada a cabo por expertos del Instituto de Psicología de la Universidad de Basel, en Suiza, y en la que se ha demostrado que la irritabilidad persistente en los bebés podría ser indicativa de problemas de conducta en el futuro. Los expertos constataron que dormir demasiado, tener problemas para comer o llorar en exceso indicaría una mayor propensión a presentar problemas como el déficit de atención por hiperactividad, conductas agresivas o destructivas y alteraciones de comportamiento.

Juguetes a medida de su personalidad

Los expertos de la Fundación Crecer Jugando han hecho un análisis del tipo de juego más adecuado a la personalidad del niño y estas son las conclusiones:

✔ A los niños creativos les gusta inventar y el juego les facilita esta tarea. Los juguetes más adecuados son las cocinitas, la plastilina, los disfraces y los elementos de construcción de personajes. Hay que tener en cuenta que estos niños necesitan ampliar sus espacios de juego para potenciar sus dotes creativas.

✔ Los niños que son muy activos necesitan que de vez en cuando se les propongan actividades que los ayuden a relajarse, ya que a ellos les cuesta elegir juegos en los que tengan que permanecer estáticos. Para estimularles adecuadamente hay que facilitarles muñecos de acción, caballos o animales de gran tamaño, casas y tiendas de campaña.

✔ Los niños sociables suelen elegir juegos en los que es importante la participación de otra persona, así que la mejor forma de estimularles es llevarles habitualmente al parque o invitar con frecuencia a otros niños para que jueguen con ellos en casa.

✔ Por el contrario, a los niños introvertidos les gusta jugar tranquilos y marcar su propio ritmo, por eso es importante facilitarles juegos y actividades que impliquen la participación de más de una persona. Sus juguetes preferidos son los peluches y los coches autodirigidos.

60

El mundo de sus emociones

Conocer las emociones más típicas del bebé durante sus primeros meses de vida puede ser de gran ayuda para empezar a determinar un perfil de su personalidad y de los principales rasgos de su carácter, que pronto empiezan a despuntar.

El dato

"Un bebé puede manifestar con bastante claridad su estado en el sentido de bienestar o malestar, mediante la expresión facial, pero para los sentimientos más profundos su cerebro todavía debe crear las conexiones necesarias."

Silvia Höfer, comadrona y experta en desarrollo infantil y autora de *El primer año del niño*.

✔ El mundo de las emociones del bebé es a la vez complejo y apasionante. Cada niño lo vive a su manera, pero, por regla general, todos van alcanzando los principales "estadios emocionales" más o menos al mismo tiempo.

✔ La comadrona alemana Silvia Höfer, experta en desarrollo infantil y autora entre otros del libro *El primer año del niño,* estudió este tema y agrupa de la siguiente manera el desarrollo emocional del bebé durante su primer año de vida:

✔ En las primeras seis semanas, con su expresión facial y su sonrisa puede expresar si se siente a gusto o no en el entorno que le rodea.

✔ Desde la sexta semana hasta el tercer mes, es capaz de manifestar abiertamente su alegría cuando su madre le hace caso y habla con él, y reacciona emitiendo sus primeros sonidos.

✔ Entre el tercer y el cuarto mes, ya va perfeccionando sus capacidades emocionales exigiendo cada vez más atención: emite sonidos que son claramente una llamada de

atención para que su madre le mire y reaccione. Intenta sostener la mirada mediante una sonrisa y una fijación prolongada. Puede sentir y expresar claramente tristeza y enfado.

✔ Entre el cuarto y el noveno mes es habitual que se contagie de una expresión facial contenta, enfadada o furiosa, y mira de la misma forma, como reacción a la expresión de su rostro.

✔ Entre el sexto y el noveno mes empieza a distinguir entre las personas que le son familiares y los extraños, lo que significa que empezará a mostrar ansiedad cuando otra persona que no sea su madre quiera cogerlo en brazos. La expresión típica de esa timidez es alejarse de la persona extraña y dirigirse hacia sus padres.

✔ Entre los nueve y los doce meses ya explora la casa movido por su gran curiosidad y mira constantemente a su madre o a su padre para identificar si lo miran con miedo, con enfado, a modo de advertencia o en tono animador. De este modo, el bebé acuerda con sus padres (de forma subliminal) el significado emocional de cada acontecimiento.

El temor a la separación

Cuando el niño da rienda suelta a sus ansias exploradoras y empieza a disfrutar de su autonomía, lo único que en cierta medida lo "frena" es el temor a alejarse demasiado de su madre. Para aliviar este conflicto entre el afán explorador y el temor a la separación los expertos recomiendan permitir al bebé estar siempre en el campo de visión de sus padres y donde éstos puedan oírlo.

61

Tímido, sociable, extrovertido, inseguro....

Se puede decir que cada niño es un mundo, y a estas peculiaridades se deben adaptar los padres a la hora de educarle y estimularle. La clave está en potenciar los "pros" y minimizar los "contras".

El dato

El carácter introvertido o extravertido está íntimamente ligado al desarrollo social, proceso en el que la intervención de los adultos que rodean al niño tiene un papel determinante. Es importante que desde pequeños se les enseñe a ir ajustando las características de su carácter al entorno social con el que tienen que interaccionar.

✔ Las progresivas adquisiciones motoras permiten al niño conectar con el entorno físico y social: va a querer moverse, explorar los objetos, entrar en relación con los adultos y con los otros niños. En la medida en la que se permita al niño ejercer esa creciente autonomía, su conexión con el mundo que le rodea será más activa, y su capacidad de expresión y comunicación se volverá más rica y fluida.

✔ Es importante que los padres fortalezcan los lazos emocionales del niño con las personas más allegadas y, al mismo tiempo, le enseñen a no mostrarse uraño con las demás personas.

✔ Para el niño, el principal referente de sus relaciones son sus padres, pero hay que prepararlo también para que establezca contactos activos con otros adultos, enseñándole a comprender los gestos más sutiles y la mímica y a reaccionar a las palabras durante los contactos sociales.

✔ Cuando el niño ya tenga capacidad para entenderlo, es importante hablar con él sobre sentimientos. Esto ayuda, especialmente a los niños más introvertidos, a "salir" al exterior, donde es posible examinarlos, evaluarlos y entenderlos. Está demostrado que hablar de las emociones, sobre todo con personas que son significativas para el niño, tiene consecuencias a largo plazo, pues influirá en su adaptación y éxito en la vida.

✔ Es importante también cuidar las relaciones familiares. Las investigaciones han demostrado que las relaciones familiares afectuosas basadas en la confianza fijan las bases para el desarrollo social sano del niño.

Amigos imaginarios: ¿son peligrosos?

Según los expertos, una de las maneras en la que los niños aprenden a enfrentarse al mundo a través del juego es creándose "amistades imaginarias", esto es, amigos que solo están en su mente. Hay estudios que demuestran que los niños que inventan compañeros imaginarios suelen ser más inteligentes y creativos. Por tanto, no hay que preocuparse si el niño habla a veces solo e, incluso, lo pasa bien. Solo hay que preocuparse si empieza a mostrar actitudes que demuestran que prefiere estar con su amigo "mental" antes que con otros niños o si se perciben problemas para relacionarse con sus iguales.

62
Inteligencia emocional: así le beneficia

Tan importante como estimular el desarrollo cognitivo es potenciar la llamada inteligencia emocional, esto
es, las cualidades implicadas en las emociones que el niño necesita desarrollar adecuadamente para estar a gusto consigo mismo y relacionarse con los demás.

El dato

"Las investigaciones nos dicen que los niños que hacen
amigos fácilmente en el jardín de infancia y que son
aceptados por sus compañeros, son también los que se
esfuerzan de forma autónoma, lo cual fomenta su competencia académica. Así pues, la inteligencia emocional y
el cociente intelectual van de la mano."

Doctoras Kathy Hirsh-Pasek, directora del Laboratorio Infantil
de la Universidad de Temple, y Roberta Michnick, directora del
Proyecto de Lenguaje Infantil en la Universidad de Delaware.

✔ Por inteligencia emocional se entiende un grupo de cualidades emocionales que tienen una gran importancia en
la forma en la que una persona se siente respecto a su interrelación con los demás y también respecto a sí misma.

✔ Entre todas estas cualidades destaca la empatía, que
puede definirse como la capacidad de ponerse en el
lugar de la otra persona, y cuyo aprendizaje a edades
tempranas es muy importante, sobre todo en lo que se
refiere al desarrollo de la faceta social del niño.

✔ Las otras cualidades que contempla la inteligencia emocional son la expresión y comprensión de los sentimientos, la independencia, el autocontrol, la capacidad de adaptación, la simpatía, la persistencia, la
cordialidad, la amabilidad y el respeto.

✔ Una de las actividades que fomentan tanto la inteligencia emocional como el cociente intelectual es el
juego social.

✔ También es muy importante animar al niño a que
exprese sus sentimientos y emociones. Preguntarle,

hacer que se expresa a través de dibujos o ponerle en situaciones que faciliten la manifestación de sus pensamientos e inquietudes (convertirle en protagonista de un cuento, por ejemplo) son buenas estrategias en este sentido.

✔ Hay que fijarse en la manera en la que juega el niño, de qué forma se dirige a sus juguetes o cómo se relaciona con los otros niños; esto puede ser muy indicativo sobre aquellos aspectos en los que hay que potenciar su inteligencia emocional.

✔ Animarle a ponerse en el lugar del otro. Es importante que cuando el niño haya tenido un conflicto se le expliquen las posibles causas de la conducta de la otra persona. Con ello se consigue, por un lado, aplacar el enfado natural que surge cuando el niño se siente frustrado y, por otro, se le incitará a buscar por sí solo este tipo de explicaciones apaciguantes cuando se vuelva a enfrentar a una situación similar.

Juego, empatía y C.I.

El juego ayuda a los niños a ahondar y regular sus emociones. Tal y como explican las doctoras Hirsh-Pasek y Michnick, los niños que juegan más tienden a estar más alegres, "y los niños que se sienten alegres tienden a llevarse mejor con sus compañeros, lo cual, a su vez, parece que propicia que los niños se impliquen más en lo que se imparte en el aula. De ahí que saquen mejores notas en el colegio. Tanto la inteligencia emocional como el cociente intelectual se alimentan del juego".

63
Cómo potenciar sus habilidades sociales

Hay niños que son sociables por naturaleza, mientras que otros tardan tiempo en desarrollar la confianza suficiente como para interaccionar con otras personas de forma fluida. Pero tanto a unos como a otros hay que ayudarles a desarrollar plenamente su faceta social.

El dato

Hay evidencias científicas de que las habilidades sociales son algo que debe aprenderse a través de relaciones cargadas de significado que el niño establece con los demás. Y uno de los mejores canales para conseguir esto es el juego, con el que no sólo aprenden a divertirse con otros niños en el marco de unas actividades organizadas sino que también crean actividades ellos mismos, aprendiendo a tener iniciativa.

✔ El proceso de socialización empieza en la primera infancia, ya que la relación entre un niño y sus padres es la base de la relación que tendrá con la gente en general. Y, por tanto, la mejor manera de que a medida que crezca vaya teniendo ganas de relacionarse con otras personas –esto es, entrenarse para las habilidades sociales– es fomentar desde el principio un vínculo afectivo positivo con él, basado en el cariño, el respeto y, sobre todo, la diversión.

✔ Cuántas más opciones tenga el niño de relacionarse

con los demás, más podrá practicar sus habilidades sociales, así que hay favorecer el contacto con otros niños y aumentarlo a medida que el bebé va creciendo.

✔ Una manera de fomentar el juego en los niños, sobre todo en aquellos que son más introvertidos, es a través del deporte o de actividades en las que todos los participantes están sometidos a las mismas reglas (el pañuelo, balón-tiro...).

✔ Una buena idea: lee cuentos con él y pregúntale su opinión acerca de los sentimientos que expresan los personajes. Se trata de animarle así a manifestar sus diferentes puntos de vista sobre una situación dada.

✔ Y no te olvides de predicar con el ejemplo: los niños aprenden del trato que reciben de sus padres y de cómo estos se relacionan también con otras personas. Y lo que ven lo aplican después con sus compañeros de clase y de juegos.

Enseñarle a compartir

"El niño tiene que aprender a una edad muy temprana a compartir con los demás, a renunciar a algo a favor de otra persona. Cuanto antes empieces a enseñarle a adoptar una actitud altruista frente a los demás, más probable será que evites la conducta egoísta que suele aparecer, sobre todo, a partir del segundo año", explica el doctor Jaroslav Koch en su libro *Superbebé*, dónde propone realizar el siguiente ejercicio para potenciar el hábito de compartir con los demás: de vez en cuando, dile al bebé que le dé a su padre su juguete favorito. El padre aceptará el juguete, jugará un momen-

179

to con él y se lo devolverá. Otras veces, el padre le dirá que se lo deje a su madre o a uno de sus hermanos. Y también, dile que se lo preste un momento a otro niño del parque. "A una edad tan temprana, el niño supera el egoísmo fácilmente, con lo que puede evitarse muchos malos ratos más adelante", explica el experto.

64
Mascotas: así ayudan a su desarrollo

Los animales domésticos pueden ser los mejores compañeros para un bebé a la hora de jugar pero, además, numerosas investigaciones han demostrado que también pueden tener efectos beneficiosos sobre el desarrollo de determinadas facetas de su personalidad como, por ejemplo, la autoestima y la sociabilidad.

El dato
Un estudio llevado a cabo en la Universidad norteamericana de Missouri-Columbia demostró que cuando los niños acariciaban a sus perros durante un periodo de tiempo de 15-30 minutos, se producían cambios importantes en su sistema endocrino. Concretamente, descendían los niveles de cortisol (la hormona del estrés) y aumentaban los de serotonina (un neurotransmisor asociado al bienestar). Los autores del estudio también comprobaron que este gesto producía un descenso en la tensión arterial de los niños.

✔ Criarse con un animal doméstico en casa (siempre que se den las condiciones de higiene y seguridad adecuada) tiene un efecto muy positivo sobre algunos de los aspectos del desarrollo infantil durante los primeros años de vida.

✔ Así, por ejemplo, hay evidencias científicas de que reduce hasta en un 50 por ciento las posibilidades de desarrollar una alergia y supone un excelente elemento frente al sedentarismo.

✔ Pero es en el aspecto psicosocial donde la convivencia con un animal parece ser más positiva. Está demostrado que favorece la autoestima, ya que el hecho de ser en cierta medida responsables del animal refuerza la seguridad en sí mismos.

✔ También ayuda a "abrirse" a aquellos niños que son más introvertidos, puesto que la interacción con la mascota les sirve de entrenamiento para las habilidades sociales.

✔ Y además, los expertos han comprobado que es un elemento que sirve para prevenir o atenuar los sentimientos de celos que muchos niños experimentan ante el nacimiento de un hermano, por ejemplo.

✔ Asimismo, numerosas investigaciones han demostrado la eficacia de las terapias con mascotas en niños con necesidades especiales como aquellos con parálisis cerebral o los que padecen autismo.

Perros y gatos: las mejores razas para los niños

Entre los perros más adecuado para un hogar en el que haya niños destaca el collie, amable, cariñoso y, según los entendidos, con una paciencia infinita. También paciente es el golden retriever, además de ser una de las razas más protectoras para los más pequeños (están constantemente vigilando si un extraño se acerca). Aunque de gran tamaño, el labrador es a la vez un estupendo guardián y un juguete cariñoso que nunca se cansa de recibir las atenciones de los más pequeños. Para divertirse, nada mejor que un bóxer, que suele convertirse en el mejor compañero de aventuras y excursiones. Más perecido a un enorme osito de peluche que a un perro, el new foundland es especialmente cariñoso con los más pequeños de la casa. El schnauzer, tanto el enano como el gigante, es uno de los perros más recomendados para compartir vivencias con los niños, ya que es muy cariñoso y juguetón. Otras razas recomendadas son el basset hound, el pug, el beagle, el whippet (muy indicado para los niños más activos) y el settler irlandés.

En cuanto a los gatos, las razas más recomendadas son el persa (un auténtico muñeco peludo) y los himalayos. Por el contrario, los siameses no están especialmente indicados, ya que son especialmente nerviosos y pueden reaccionar mal si se sienten acosados por los más pequeños.

65
Autocontrol: la importancia de gestionar sus emociones

Un niño que desde pequeño aprende a controlar sus emociones y conductas impulsivas disfruta de una mayor autoestima, tiene más facilidad para concentrarse y, por tanto, para adquirir conocimientos y, a tenor de las últimas investigaciones, disfruta de más posibilidades de alcanzar el éxito en su vida adulta.

Elizabeth Doodson

El dato

"Un niño de tres años con buen autocontrol puede concentrarse en un puzle o juego y persistir hasta resolver-
lo; hacer turnos para completar el puzle con otro niño
de forma agradable y obtener satisfacción de resolver-
lo, con una gran sonrisa."
Terrie Moffitt, profesora de Psicología y Neurociencias en la
Universidad de Duke (EE.UU.).

✔ Una investigación recientemente publicada en la revista *Proceedings of the National Academy of Sciences* ha
demostrado las importantes repercusiones que tiene en
la vida adulta el hecho de aprender técnicas de autocontrol desde edades muy tempranas.

✔ Tras analizar a unos dos mil niños nacidos en Nueva
Zelanda entre 1972 y 1973 y someterlos a seguimien-
to durante 32 años, los resultados fueron muy concluyentes: los niños que presentaban un mayor autocontrol a los tres años de edad llegaron a ser adultos más
sanos y exitosos, mientras que aquellos que a esta edad
presentaban unos niveles de autocontrol bajos eran
más propensos a abandonar sus estudios, a cometer
acciones contrarias a la ley y a padecer problemas
financieros.

✔ Los autores del estudio describieron algunas de las
características que definen a los niños con un nivel bajo
de autocontrol: tienen una tolerancia baja a la frustra-
ción, son poco constantes cuando se trata de alcanzar
alguna meta; presentan dificultades para terminar sus

tareas; son muy impulsivos e inquietos y protagonizan rabietas con mucha frecuencia.

✔ "El autocontrol es vital para prepararse de cara a lo que pueda suceder en el futuro, planificar por adelantado para llegar a las metas, llevarse bien con los demás y atraer su ayuda y su respaldo, y, también, para aprender a esperar aquellas cosas que realmente valen la pena, en lugar de moverse motivados por los deseos de diversión a corto plazo", explicó la doctora Terrie Moffitt, profesora de Psicología y Neurociencias en la Universidad de Duke (EEUU), y directora de la investigación, quien, además, señaló que el autocontrol se puede enseñar desde edades muy tempranas con resultados muy positivos.

El arte de controlarse: pequeñas estrategias

✔ Establecer límites: si el niño sabe hasta dónde puede llegar le será más fácil controlar su propio comportamiento.

✔ Explicarle lo que puede o no puede hacer mediante reglas simples y claras.

✔ No imponer, sino dialogar. Cuando el niño pueda expresarse, dejarle que explique qué es lo que provoca su malestar y propicia que se descontrole.

✔ Reforzarle de forma positiva cada vez que se porte bien y demuestre autocontrol ante situaciones que le resultan difíciles de soportar.

✔ Enseñarle el valor de la paciencia y de aprender a esperar el turno de cada cosa.

✔ Castigar, cuando haga falta, la acción concreta, sin descalificar el niño como persona.

66

Autoestima: por qué es tan importante

Ya desde el útero materno, el hecho de escuchar la voz de su madre produce en el niño una sensación de seguridad que va a ser el germen de su futura autoestima, un auténtico pasaporte para interrelacionarse con los demás y desarrollar adecuadamente todas las facetas de su personalidad.

El dato

"El desarrollo o elevación de la autoestima de un niño está principalmente en manos de sus padres. Estos actúan de espejo para sus hijos y sus reacciones determinarán la imagen que éstos se formen de sí mismos. El hijo depende completamente de los padres y cualquier interacción que éstos tengan con él influirá en el punto de vista que tenga de sí mismo."

Dr. Tony Humphreys, psicólogo clínico especializado en autoestima infantil.

✔ Cuando un bebé percibe que sus necesidades básicas están satisfechas y recibe todo el cariño y atención de sus padres cuando lo reclama (al llorar, por ejemplo), comienza a experimentar una sensación de seguridad sobre la que se va a ir desarrollando poco a poco una autoestima más o menos firme.

✔ Y es que durante los primeros años de vida, la autoestima infantil es competencia directa de los padres.

✔ No hay un manual de pautas, sino que la receta es mucho más sencilla: cariño y amor a raudales. A medida que el niño va creciendo, esa premisa debe mantenerse, incluso en aquellas situaciones en las que sea necesario corregir o regañar al niño, ponerle límites o negarse a satisfacer alguna de sus demandas.

✔ En todas estas circunstancias, la clave para que la autoestima del niño se mantenga intacta es recordarle, directa o indirectamente, que se le quiere por ser él y que su valía está intacta, independientemente de que se haya portado mal.

✔ Contrariamente a lo que muchas personas creen, la crítica no fortalece, muy al contrario: puede debilitar la confianza del niño en su capacidad. En este sentido, la mejor actitud que pueden adoptar los padres es minimizar los fracasos alentándole a que sea perseverante y aplaudiendo cualquier esfuerzo como si fuera un logro.

Si se quiere a sí mismo, aprende más y mejor

El nivel de autoestima que tenga un niño va a determinar su desarrollo afectivo, social e intelectual. Pero sin duda, donde los beneficios de una autoestima elevada se hacen más evidentes durante los primeros años de vida es en el ámbito escolar. Los expertos en desarrollo infantil han constatado que, en lo que respecta al progreso académico, los niños con buena autoestima se caracterizan por sus ansias por aprender, por la facilidad para centrarse en el aquí y ahora, por la tolerancia a la crítica; por ser competitivos con ellos mismos, no con los demás; por el conocimiento, ya desde edades tempranas, de sus puntos fuertes y débiles; y por reaccionar positivamente a las peticiones razonables y, también, a las sanciones cuando actúan de una forma inadecuada. Además, estos niños conservan siempre su curiosidad innata, son amantes de los retos, se divierten con el esfuerzo académico y consideran los fracasos y los errores como oportunidades para aprender.

67
Pautas para aumentar su seguridad en sí mismo

Explorar su entorno libremente, estar en contacto con situaciones y ambientes nuevos, relacionarse con otros niños, y hacer un uso frecuente de su creatividad y su imaginación son las bases sobre las que se construye una autoconfianza a prueba de frustraciones durante los primeros años.

El dato

"Para que los niños aprendan a tiempo a aceptar los fracasos y contratiempos necesitan sentir desde el primer momento, tanto en el seno familiar como en el jardín de infancia, una gran sensación de seguridad, aprobación, aceptación y apoyo. Los niños no pueden aceptarse a sí mismos, tolerar las críticas y aprender a reafirmarse frente a otras personas si no tienen confianza y seguridad."

Andrea Erkert, especialista en educación infantil y autora del libro *Niños que se quieren a sí mismos*.

Quinta parte

✔ Desde el mismo momento en que nace, el bebé necesita atención y contacto físico corporal para un correcto desarrollo intelectual y emocional, y ello le proporciona una gran sensación de seguridad.

✔ Pero, además, para empezar a desarrollar una autoestima adecuada, necesita tomar contacto con su entorno, explorarlo, y conocer las características de los objetos más cotidianos y las personas más habituales.

✔ Durante los primeros meses, esa comprensión del entorno se realiza a través del juego. Está demostrado que los niños a los que desde muy pequeños se les ofrecen oportunidades para experimentar las peculiaridades de su entorno y ampliar sus horizontes a través del juego son muy creativos y, además, aprenden a superar el miedo y la inseguridad en situaciones cotidianas y a no rendirse ante las dificultades.

✔ También favorecen la seguridad en sí mismo todas aquellas situaciones y actividades en las que el niño da rienda suelta a su imaginación. De hecho, se puede decir que cuanto más imaginativo es un niño, más seguro de sí mismo llegará a estar. Según los expertos, esto es debido a que durante sus primeros años de vida los niños viven en un mundo mágico propio, en el que utilizan la imaginación para traspasar las fronteras de su realidad. Esto les permite eliminar cualquier tipo de tensión interior, haciendo frente a la rutina cotidiana desde una perspectiva libre de miedos

Objetivo: enseñarle a confiar en sí mismo

✔ Es importante observar la evolución del niño y, una vez haya alcanzado un logro (empezar a gatear, por ejemplo), ir añadiendo nuevos retos (poner un obstáculo entre él y un juguete) para que se vaya superando a sí mismo.

✔ Cuando ya tiene edad suficiente para empezar a advertirle de determinados riesgos, siempre hay que hacerlo desde una perspectiva positiva y de una forma clara, evitando crear una sensación de miedo.

✔ Es muy importante respetar sus miedos y ansiedades. Hay que explicarle que ser vulnerable (tener miedo a la oscuridad, por ejemplo) es algo normal, que no tiene nada que ver con su valía como persona.

✔ Alabar siempre sus logros, por nimios o insignificantes que estos puedan parecer desde una perspectiva adulta.

68

Mimos, abrazos y demás: el cariño como estímulo

Independientemente de cómo sea el niño, de las circunstancias de los padres o del método de enseñanza temprana elegido, hay una fórmula que nunca falla a la hora de proporcionarle la estimulación necesaria para su correcto desarrollo físico, cognitivo y emocional: los besos, los abrazos, las caricias... en definitiva, las manifestaciones constantes del cariño que sus padres sienten por él.

El dato

Está comprobado que los fuertes vínculos que se establecen entre padres e hijos le proporcionan al bebé el primer modelo a seguir para entablar relaciones íntimas y fomentar una sensación de seguridad y autoestima positiva. También se ha demostrado que el hecho de que los padres se muestren receptivos a todas las demandas del niño influye positivamente en su desarrollo social y cognitivo.

✔ Ante la duda, besos y abrazos. Esta sería la pauta "universal" para todos aquellos padres de niños pequeños, ya que está demostrado que no hay método ni estrategia que supere los efectos que tiene sobre el bebé el hecho de percibir que es querido y valorado por sus padres.

✔ El doctor Jaroslav Koch explica al respecto que un niño que se siente de buen humor, satisfecho y feliz es mucho más receptivo a todos los estímulos dirigidos a crear emociones positivas en él.

✔ El experto recomienda en este sentido que los padres hagan todo lo posible para conservar el buen humor del niño. "Tiene que estar en un estado de buena salud, bien alimentado y descansado. El grado de calor adecuado, una ropa cómoda, el espacio suficiente y sus juguetes resultan indispensables. Hay que incluir también la ausencia de estímulos negativos causantes de sensaciones desagradables, ruidos, olores, dolor, miedo."

✔ Un truco que resulta a la vez calmante y reconfortante para el niño: al mecerle o acunarle, lo mejor es balancearlo de delante a atrás, no de un lado a otro o de arriba abajo. Está comprobado que antes de nacer los bebés chapotean adelante y atrás dentro del útero cuando la madre camina, de manera que está acostumbrado a este tipo de movimiento y se siente cómodo y seguro con él.

Enseñarle, sí, castigarle, no

Cuando el niño hace algo que no está bien, es importante reprenderle de forma efectiva, pero sin llegar a castigarle, ya que todavía es muy pequeño:

✔ Una reprimenda debe consistir en enseñarle algo nuevo, es decir, que aprenda, y supone una forma más de estimular el desarrollo del niño.

✔ Es importante expresarle las pautas en sentido positi-

193

vo, ya que esto favorece un aprendizaje más efectivo. Hacerlo en negativo puede tener el efecto contrario.

✔ Aprovechar los momentos en los que su comportamiento sea correcto para reforzarle y felicitarle por su forma de actuar.

✔ Usar modelos significativos para él como ejemplos de comportamiento (superhéroes, deportistas, un personaje literario...).

PARTE VI:
EJERCICIOS Y ACTIVIDADES PRÁCTICAS QUE ESTIMULAN SU INTELIGENCIA

69
Juegos y juguetes:
los mejores aliados del desarrollo infantil

Han sido muchos los estudios que han llegado a la conclusión de que los niños que juegan a menudo y lo hacen con los juegos y las actividades adecuadas aprenden antes y, además, lo hacen en mejores condiciones.

El dato
Todos los estudios realizados sobre el papel del juego en el desarrollo del niño durante sus primeros años de vida han demostrado que jugar supone una fuente de aprendizaje muy rica y que, además, crea nuevas zonas de desarrollo potencial, lo que es muy positivo para la inteligencia infantil.

✔ En primer lugar, jugar estimula el desarrollo del cuerpo y de los sentidos, ya que permite al niño descubrir sensaciones nuevas y coordinar los movimientos de su cuerpo, lo que aumenta la confianza en sí mismo; y, por otro lado, le ayuda a ir estructurando su representación mental del esquema corporal.

✔ También favorece el desarrollo cognitivo, sobre todo en aquellos aspectos relacionados con la creatividad. Así, por ejemplo, manipular determinados juguetes y objetos es un instrumento de desarrollo del pensamiento; y se sabe que la actividad lúdica estimula la atención y la memoria.

✔ También, a través del juego, el niño es capaz de discriminar la fantasía de la realidad y desarrollar su pensamiento abstracto.

✔ Jugar también repercute en la faceta afectiva del niño, ya que supone una actividad placentera que estimula su satisfacción; le permite la asimilación de experiencias difíciles facilitando el control de la ansiedad y posibilita la expresión simbólica de la agresividad y de la sexualidad infantil.

✔ Y también, sobre todo a partir del año, supone un instrumento de comunicación y socialización infantil, fomentándole habilidades como el autodominio, la voluntad, el respeto a los límites y a las reglas de conducta y, también, facilita el autoconocimiento y el desarrollo de la conciencia personal.

Jugar con otros: una estupenda escuela

Los juegos cooperativos aportan muchas ventajas al desarrollo físico y cognitivo del niño. Por un lado, promueven la comunicación e incrementan los mensajes positivos en el seno del grupo. Por otro, aumentan el nivel de participación en las actividades colectivas (lo que beneficia a los niños que son más introvertidos), incrementando las conductas que implican cooperar y compartir. También se ha comprobado que las actividades grupales potencian la conducta asertiva, disminuyendo los comportamientos pasivos y agresivos, y mejoran el autoconcepto, aumentando la aceptación de sí mismo y de los demás.

70
Qué juguete es el más adecuado a cada edad

Entre el amplísimo repertorio de juguetes dirigidos a la infancia no siempre es fácil elegir el más adecuado a cada edad. Las necesidades de los niños van evolucionando a medida que crecen, de ahí la importancia de proporcionarle en cada momento el estímulo lúdico que más se ajusta a cada etapa.

El dato

La Declaración Universal de los Derechos de la Infancia reconoce el juego como un derecho fundamental y señala que jugar influye directamente en el sano crecimiento y desarrollo infantil.

✔ Entre 0 y 6 meses, los juguetes más recomendados son los móviles de cuna, los sonajeros de colores, los muñecos de goma, los elementos con sonido, los mordedores para los dientes, las alfombras de tela con actividades y los juguetes con gran contraste de colores y diferentes texturas.

✔ Para el periodo comprendido entre los 6 y los 12 meses, se recomiendan los móviles; los objetos que ruedan (pelotas, juegos de encaje sencillos...); juguetes sonoros; juguetes con contrate de colores y con diferentes texturas; tentetiesos; muñecos de trapo; juguetes para el agua; andadores y balancines; y centros de actividades con elementos para manipular con sonidos y texturas.

✔ A partir del año, los juguetes más indicados son los muñecos de trapo, goma o felpa; las construcciones y cubos para encajar y apilar; bicicletas de tres o cuatro ruedas y cochecitos; centros de actividades; juegos de movimiento (coches y otros vehículos, columpios...); juegos de expresión (pizarras, pinturas, musicales); muñecos y animalitos.

✔ De los dos años en adelante, básicamente sus juegos se centrarán en los de movimiento, de expresión y en los muñecos y animalitos en sus diferentes formas.

✔ Al llegar a los tres años, el repertorio de juguetes recomendados cambia sustancialmente: el niño disfruta con los patines, bicicletas, camiones y triciclos. También descubre los puzles, mecanos y los primeros juegos de mesa. Otros juguetes que estimulan sus habilidades, especialmente las artísticas, son las pizarras, la plastilina y las marionetas.

Cada uno, en su momento

Los expertos de la Fundación Crecer Jugando recuerdan que ofrecer a los niños juguetes no adecuados a su edad puede producir el efecto contrario al que se persigue. Para acertar y ofrecer el juguete más adecuado a cada momento de desarrollo es importante conocer la evolución que se produce en cada franja de edad y las habilidades, tanto cognitivas como motrices, que el niño va adquiriendo y en las que el juguete actuará como gran aliado. En este sentido, resulta muy importante tener siempre en cuenta las clasificaciones de los juguetes que incluyen los fabricantes y que indican la adaptación de la dinámica del juego a los distintos rangos de edad.

71
Los secretos del juego infantil

Para el niño, jugar es mucho más que manipular un muñeco o divertirse con un juguete sonoro. En cada una de las etapas de su desarrollo, el juego incide sobre la evolución de determinadas áreas de su desarrollo físico y cognitivo. Es por ello que se puede afirmar que los niños aprenden jugando.

El dato

"El juego es un recurso idóneo para utilizar en la etapa de 0 a 6 años debido a su carácter motivador, globalizador de contenidos y por ser mediador de aprendizajes significativos. Además, la actividad lúdica fomenta la interacción entre niños y niñas."

María Costa, directora del Departamento de Pedagogía de AIJU (Asociación de Investigación de la Industria del Juguete).

✔ Durante los primeros años de vida, el juego es algo espontáneo (aunque padres y profesores planifiquen en cierta medida el tipo de juguetes y actividades que van a poner al alcance del niño).

✔ A través de este juego inicial, el pequeño desarrolla la capacidad de control del cuerpo, las habilidades perceptivas y motoras; las de manipulación; y la utilización de las formas de comunicación.

✔ Entre los dos y los tres años aparece el llamado juego simbólico, esto es, de representación de un objeto por otros, lo que a su vez está directamente relacionado con tres áreas de conocimiento: identidad y autonomía personal; el medio físico y social y toda el área de comunicación.

✔ A partir de los tres años ya aparece la diferenciación de sexos en cuanto al juego. Además, y en cuanto al tipo de juego, es el niño el que elige y se decanta claramente por una u otra opción a la hora de jugar.

Así juegan los bebés

Los expertos de la Fundación Crecer Jugando enumeran cuáles son las principales características que definen al juego infantil:

✔ Es una actividad divertida y placentera, que generalmente suscita excitación y que hace aparecer signos de alegría.

✔ Supone una experiencia de libertad, permitiendo al niño salir de una situación concreta y trasladarse a otras situaciones.

✔ Es sobre todo un proceso, una finalidad sin fin.

✔ Implica acción y participación activa.

✔ Tiene a la ficción como elemento constitutivo (lo que cuenta no es la actividad en sí misma sino la actitud del niño frente a esa actividad).

✔ Para el niño, es una actividad seria. Cuando el niño juega, está tan absorto y concentrado en lo que está haciendo como puede estarlo un adulto en su trabajo.

✔ Implica un esfuerzo por parte del niño: en muchos casos, juegos y juguetes buscan la dificultad, y el niño tiene que esforzarse para superarla.

72
Juegos y estímulos: objetivo, no cansarle

Casi tan perjudicial como no ofrecer al niño la estimulación suficiente puede ser saturarlo de actividades, sonidos, imágenes o palabras, en una especie de maratón o curso intensivo para aumentar su inteligencia.

El dato

"La 'adultización' y aceleración de los niños no es una opción beneficiosa, sino una opción que despoja a los niños de su libertad para ser. Para ser felices y listos, para estar integrados, no hace falta que los niños vayan a absolutamente todas las clases extra ni tengan hasta el último juguete educativo. El auténtico eje de la infancia es el juego, no el trabajo."

Dra. Kathy Hirsh-Pasek y Dra. Roberta Michnick, autoras del libro *Einstein nunca memorizó, aprendió jugando.*

✔ Una de las primeras cosas que el doctor Jaroslav Koch advierte en su método para el desarrollo total del niño es la necesidad de ofrecer al bebé los estímulos en su justa medida. "Para proporcionarle los estímulos suficientes –visuales, auditivos, posicionales, etc.– procura no quedarte corto... ni sobrepasarte. Los padres que se dan cuenta de que su hijo necesita muchos estímulos tienden a dárselos en exceso", explica el experto.

✔ Hay una serie de pautas que permiten estimular al niño en la medida justa. Por ejemplo, siempre hay que estimularle cuando esté despierto, ya que es la forma de conseguir que coopere activamente.

✔ Es muy importante estar atento a sus reacciones: tan pronto empiece a no querer mirar, vuelva la cabeza, cierre los ojos o se muestre incómodo, hay que cesar la estimulación y dejarle descansar.

✔ Hay que tener en cuenta que el tipo de estímulo no debe suponer un sobresfuerzo para el niño: han de ser actividades, ejercicios u objetos obvios, fácilmente discernibles del resto pero no demasiado intensos.

✔ Otro aspecto a tener en cuenta: durante los primeros meses de vida, todos los estímulos sensoriales que se ofrezcan al niño tienen que tener una intensidad débil o mediana.

✔ Asimismo, sobre todo al principio, todos los estímulos deben ser presentados al bebé suave y lentamente. Por ejemplo, si le muestra un juguete de repente, lo más probable es que se eche a llorar.

✔ Y, muy importante, intenta ser constante en la estimulación del bebé y preséntale varios estímulos que estén relacionados entre sí. Tal y como explica el doctor Koch, "la función más importante de los estímulos es la creación de expectativas en el niño. No basta con que aprenda a seguir algo con los ojos o a escuchar. Tiene que aprender al mismo tiempo a reconocer y comprender la relación entre varios estímulos".

Estimular precozmente: sin pausa pero sin prisa

Según una investigación llevada a cabo por expertos del grupo de investigación Neuroplasticidad y Aprendizaje, de la Universidad de Granada, en España, el entrenamiento en tareas demasiado complejas antes de que el sistema infantil esté preparado para llevarlas a cabo puede producir deficiencias permanentes en la capacidad de aprendizaje a lo largo de la vida. Según estos expertos, someter al niño a una sobreestimulación precoz puede producir justo el efecto contrario al que se busca, ya que supone someter a técnicas complejas al cerebro infantil antes de que éste se haya formado y madurado adecuadamente.

73
El ambiente ideal para jugar

Tranquilidad, pocas interrupciones y el nivel adecuado de estímulos. Estas son las características ideales en las que se debería desarrollar siempre el juego infantil para de esta forma asegurar que el niño accede a todo el potencial de beneficios que esta actividad tiene para él.

El dato

Los expertos en psicomotricidad y desarrollo infantil aconsejan que a la hora de ofrecerle estímulos al niño y jugar con él, lo mejor es colocarlo en el suelo (sobre una manta, por ejemplo), evitando los peligros pero ofreciéndole un campo de acción lo suficientemente amplio como para que desarrolle todas sus habilidades y posibilidades.

✔ Los especialistas en desarrollo infantil señalan que para motivarse mediante el juego, los niños tienen que encontrarse seguros y cómodos en su entorno, así como sentirse libres para jugar a su manera.

✔ Por lo tanto, si la zona en la que juega ya le resulta familiar al niño hay mucho terreno ganado en el sentido de que con ello se cumple la condición de que el juego debe desarrollarse en un ambiente seguro. Aunque se dispongan de pocos metros cuadrados en la vivienda es importante reservar un espacio que el niño identifique como el "área de juegos".

✔ También es importante que cuando el niño esté realizando alguna actividad, se encuentre enfrascado en un juego o se le estén proporcionando estímulos sensoriales, no haya otro tipo de estimulación (luces, ruidos, etc) que interfieran entre él y la actividad en cuestión.

✔ Si el niño tiene otros hermanos, es importante reservar unos minutos para jugar con él a solas y también para que juegue en "su" espacio sin ser molestado.

✔ A medida que el niño crece, hay que aumentar las opciones de juego y no limitarlas a ese espacio predeterminado. El camino del colegio, un viaje o la cola del supermercado pueden ser excelentes entornos para intercambiar con él juegos de palabras o de ingenio, de memoria, etc.

Corralito: ¿límites innecesarios?

Sin duda dejar al niño en el corralito supone una ayuda para muchos padres, ya que les permite dejar jugando a sus hijos en un entorno seguro. Pero sin embargo, no se trata de una solución que guste mucho a los expertos en psicomotricidad y estimulación infantil, ya que según ellos no es un elemento que favorezca especialmente el desarrollo del niño. Desde el punto de vista de la psicomotricidad, reduce sensiblemente el espacio en el que pueda practicar distintas posturas y desplazamientos, así como sus posibilidades de desarrollo sensorial y social. El consejo sería, por tanto, no abusar de esta solución.

74

Cuándo debe empezar a jugar con otros niños

Proporcionarle experiencias de juego compartido con otros niños es la mejor estrategia para facilitar al niño un perfecto desarrollo de su faceta social, y estimular valores como la solidaridad y la generosidad.

El dato

Las investigaciones realizadas al respecto han demostrado que gracias al contacto social que se establece a través del juego, los niños adquieren plena conciencia de sí mismos y de su entorno, llegando a comprender mejor el mundo que les rodea.

✔ En los niños más pequeños, el juego social se manifiesta a través de breves contactos, generalmente al compartir algún espacio lúdico (parque, guardería) y a través del intercambio de juguetes.

✔ Según los expertos, la interacción en el juego aparece alrededor de los 18 meses y se potencia en torno a los dos años. Es este el momento en el que los niños comienzan a jugar juntos.

✔ Hay que tener claro que a los niños pequeños al principio no les resulta fácil jugar en grupo: la habilidad de interaccionar con otros aún no está desarrollada y tampoco tienen bien definida la necesidad de compartir (su juguete es "suyo").

✔ La mejor forma de ayudarle a desarrollar todas estas habilidades es favorecer las ocasiones de estar en contacto con otros niños.

✔ A partir del quinto mes hay que habituarles a las visitas de los amigos de los padres, parientes y vecinos. Una buena idea es pedirle a estos "extraños" que jueguen con el niño de dos a tres minutos, que lo tomen en brazos, que lo paseen por la casa, que le hablen y le enseñen juguetes u otros objetos conocidos, pero siempre con la presencia de la madre o el padre.

Objetivo: perder el miedo a terceros

Tal y como explica el doctor Jaroslav Koch, hacia el quinto mes los niños son capaces de demostrar las diferencias entre las relaciones con sus padres y las que sostienen con otras personas allegadas, por una parte, y con los extraños, por otra. "Siempre preferirá a sus padres a los demás, y buscará su protección y su ayuda cuando establezca contacto con otros. Pero es obvio que al niño no le conviene rechazar a las demás personas ni temerlas. Si permites que tu hijo se apegue con exceso a ti, le crearás dificultades en su vida futura", explica en su libro *Superbebé*.

75
Juegos y juguetes para tocar, disfrutar y aprender

Tanto para perfeccionar su sentido del tacto como para potenciar el desarrollo motor y del conocimiento, los juguetes que el niño puede manipular en cualquier momento y lugar (ositos, construcciones, pelotas) desempeñan un papel esencial en la primera infancia.

El dato
Hacia el cuarto mes los bebés ya van adquiriendo un notable control voluntario de brazos y manos; a los seis, ya pueden coger un objeto con ambas manos, aunque la prensión es tosca; con ocho meses son capaces de ofrecer un objeto cuando se le pide, pero aún no lo saben soltar. A partir del año, los movimientos de las manos se vuelven cada vez más precisos. En todo este proceso los juguetes desempeñan un papel fundamental.

✔ El repertorio de juguetes que permiten que el niño desarrolle plenamente sus capacidades motoras es muy amplio y variado.

✔ Son muy recomendables, a partir de los 6 meses, los juegos de anillas o tazas de superposición, de diferentes colores y tamaños. Además de ayudarle a entrenar su destreza manual, este tipo de juguetes le ayudarán a aprender conceptos como "mayor o menor que", y son la base de uno de los juegos que más entretienen a los niños: construir y derribar torres.

✔ En la misma línea, los bloques de construcción son perfectos para desarrollar el control manual y táctil, al tiempo que le permiten montar y desmontar piezas. Las piezas blandas son más seguras que los bloques de madera cuando los niños son pequeños. Lo mejor es elegir unas que sean grandes, con dibujos vivos de colores y fáciles de sujetar para que pueda desarrollar su capacidad de manipulación.

✔ Las pelotas de todos los tamaños y colores suponen una gran fuente de diversión y le permiten desarrollar su coordinación manual y visual, así como potenciar su movilidad (son una excelente ayuda cuando se trata de animar al niño a gatear, por ejemplo). A partir del segundo año, ya sabe perfectamente "jugar a la pelota" en el sentido de tirarla y cogerla cuando alguien se la devuelva.

✔ Los sets de plastilina, que incluyen rodillos y cortadores son una de las mejores alternativas para estimular la creatividad infantil, además de potenciar su sentido del tacto. Cuando es más mayor, la posibilidad de uti-

lizar herramientas como moldes, cortadores de plástico y plantillas para trabajar este material le ayudará a
desarrollar su destreza manual.

✔ Alrededor de los 18 meses, los puzles o rompecabezas
ya pueden formar parte de su rutina de juego. Tienen
muchos beneficios para el niño, incluido el desarrollo
de sus habilidades manuales y táctiles, el reconoci-
miento de formas y el tipo de aprendizaje abstracto que
posteriormente le va ayudar a resolver problemas. Además, el hecho de completar un puzzle le proporciona
una agradable sensación de logro que redunda en su
autoestima. Se aconseja empezar con uno de formas
sencillas sobre objetos cotidianos e ir introduciendo
poco a poco puzles de piezas más difíciles.

Elizabeth Doodson

Dos tipos de desarrollo motor

Cuando se habla de motricidad infantil, los expertos siempre aluden a dos tipos: la fina y la gruesa.

La motricidad fina es la que se refiere a los movimientos de coordinación y precisión manual: coordinación entre el ojo y la mano y otras habilidades, mientras que la motricidad gruesa es la que se refiere al desarrollo de todos los músculos del cuerpo y a su coordinación (gatear, ponerse en pie, caminar, etc).

76
Juegos para el oído

Aproximadamente al final del tercer mes los bebés adquieren una coordinación entre el oído, la vista y los movimientos de cabeza. Tanto esta coordinación como su capacidad auditiva se pueden entrenar con los estímulos sonoros más adecuados.

El dato

Es importante detectar los defectos de audición lo antes posible, ya que si se corrigen en el primer año de vida y se le ayuda con dispositivos adaptados, el bebé conseguirá una audición normal y un buen desarrollo del lenguaje.

✔ Sonajeros, cajitas de música, muñecos sonoros… todo vale para que el niño estimule su capacidad auditiva. La única premisa es que se trate de un juguete seguro y que su sonido no resulte estridente.

✔ Durante los primeros meses, sin duda el mejor el mejor estímulo es la voz de su madre. Está demostrado que una voz femenina suave suele calmar al bebé en mayor grado que las voces masculinas, por lo general más profundas.

✔ Los juguetes en los que el niño tiene que "tocar" algún instrumento (pianos, tambores…) le ayudan a hacer conexiones entre los colores o letras contenidas en estos juguetes y su significado. Además, mejoran las destrezas motoras finas. Por otro lado, la tarea de "hacer música" aumenta la creatividad del bebé, mientras que las luces y sonidos promueven su desarrollo visual y auditivo.

✔ Otra actividad importante, tanto para estimular el oído como para potenciar el habla, es enseñarle fotos o libros en los que aparezcan animales; decirle cómo se llaman y reproducir el sonido que emite cada uno de ellos.

✔ Uno de los juegos más sencillos para enseñarle a volver la cabeza hacia la fuente del sonido es una modalidad adaptada del escondite. Para ello, con el bebé colocado boca arriba sobre una cama o superficie segura, se le llama desde el lado derecho, tratando de atraer su atención mediante el movimiento de la cabeza y las manos. Lo normal es que al principio el niño mueva la cabeza de un lado a otro. Cuando te encuentre y te identifique como el emisor del sonido, sonríele y háblale. Al cabo de un rato, escóndete de nuevo y llámale, esta vez desde el lado izquierdo. Lo normal es que al final del tercer mes el bebé vuelva la cabeza hacia el lado correcto a la primera.

El poder de las nanas

Las nanas, rimas y canciones tradicionales se caracterizan por tener una cadencia y una sonoridad que suponen un estímulo auditivo muy poderoso. Incluyen repeticiones silábicas, estribillos pegadizos y onomatopeyas que hacen que el niño repare en ellas y adquiera, además, destreza para el habla. Lo importante es cantarle a menudo la misma canción y siempre de la misma manera (esto es, con las mismas palabras, sin improvisaciones). En este sentido, una de las canciones más "celebradas" por los niños son los villancicos.

77
Juegos para la vista

A diferencia de lo que ocurre con el tacto o el olfato, la vista es un sentido que está poco desarrollado al nacer, de ahí que sea importante estimularlo ofreciendo continuamente al niño imágenes y objetos que le ayuden a ir, poco a poco, desarrollando su capacidad visual.

El dato

La mayoría de los niños consigue fijar la vista alrededor del mes y, partir de ahí, la evolución es progresiva pudiendo, en torno a los tres meses, seguir un objeto o una luz con la vista. Otra peculiaridad es que muchos bebés presentan un "falso estrabismo" durante los primeros meses, que no reviste mayor importancia.

✔ Durante las primeras semanas, los mejores juegos para ayudarle a desarrollar su capacidad visual consisten en acercarle dibujos, móviles y juguetes, primero en blanco y negro y más tarde introduciendo colores, a ser posible intensos.

✔ Enseñarle a seguir con los ojos los objetos móviles es la mejor gimnasia visual para el bebé, ya que le permite incrementar la velocidad y la amplitud del movimiento. Lo normal es que al principio el niño no gire su cabeza más de 60 º, pero enseguida llegará a los 180 º.

✔ Las actividades visuales tienen que ser lo más activas posible. Hay que enseñarle a mirar y a seguir objetos desde distintas posiciones: boca arriba, boca abajo, sentado... Cuando ya domine la técnica, hay que enseñarle a fijar la vista cuando es él quien se mueve.

✔ Los juguetes que proyectan imágenes en el techo son muy efectivos para estimular su visión y ampliar su campo visual. También se puede, con la ayuda de una linterna, trazar formas en el techo de su habitación cuando esté a oscuras.

✔ A partir de los 6 meses se puede recurrir al increíble potencial que tienen los espejos (siempre debe estar vigilado por un adulto).

Mirar y hablar: hay relación

Acostumbrar a los bebés a fijar la vista en determinados objetos hace que adquieran un vocabulario amplio de forma más rápida. Entre los 9 y los 12 meses, los niños son capaces de conseguir los que los científicos califican de "hazaña sorprendente": aprenden a interactuar socialmente siguiendo la mirada de un adulto, algo que les reporta numerosas ventajas a la hora de entender el lenguaje. De hecho, los bebés que antes de cumplir un año dominan la técnica de seguir con la mirada lo que a su vez está mirando un adulto y centran en ello su atención entienden casi el doble de palabras de lo que se considera normal a los 18 meses. Esta es la conclusión a la que han llegado Rechele Brooks y Andrew Meltzoff, investigadores de la Universidad de Washington. Según estos expertos, los padres juegan un papel determinante en el dominio de esta habilidad a través del juego, y para ello recomiendan que, cuando los bebés establezcan contacto visual con ellos, traten de dirigirlos con la mirada hacia algo interesante –un juguete nuevo, un objeto que está fuera de su alcance– mientras le hablan. Esta interacción es muy importante en el desarrollo social temprano.

78

Juegos para gatear

La mejor forma de animar al niño a gatear es hacerle ir en pos de un juguete u objeto que le interese. Todos los juegos y actividades que favorezcan tanto este movimiento como el fortalecimiento de los brazos y piernas son muy efectivos.

El dato

"El gatear es sumamente importante para el desarrollo de la columna vertebral y de los músculos dorsales y cervicales. Además, constituye una excelente prepara-

ción para una postura corporal correcta en el futuro.
Por tanto, es preferible enseñar al niño a gatear antes
que a sentarse."

Doctor Jaroslav Koch

✔ Con el padre o la madre echados en el suelo, colocar al niño
al lado, de modo que tenga las rodillas en el suelo y se incli-
ne sobre el estómago del adulto. Colocar algún juguete al
otro lado para que el niño, al intentar alcanzarlo, se acues-
te a través de su padre y empuje con las piernas.

✔ Los dos padres se sientan en el suelo, en direcciones
opuestas (la pierna izquierda del padre junto a la cade-

ra izquierda de la madre, y la pierna izquierda de la madre junto a la cadera izquierda del padre). Separar ligeramente las piernas para formar una escala y colocar al niño cruzado sobre las piernas de uno de ellos, animándole para que gatee a través de los muslos en dirección a un juguete situado un poco alejado. También se puede hacer flexionando ligeramente las rodillas.

✔ Doblar una tela resistente de forma que tenga una anchura suficiente y pasarla por el pecho del bebé con ambos extremos sobre la espalda. Coger los extremos con las manos y usar el cabestrillo para elevar el pecho del niño, de 10 a15 centímetros por encima del suelo. Esto le ayudará a llevar las piernas bajo el vientre y ponerse a cuatro patas, empezando a empujar con los brazos y las piernas y gateando hasta un juguete que se haya colocado frente a él.

✔ Hacia el décimo mes, la mayoría de los niños ya han aprendido a gatear hacia adelante y hacia atrás rápidamente, así como a moverse hacia los lados y a girar a derecha e izquierda. Perseguirle a cuatro patas es la mejor manera de estimularle en este sentido.

Andadores: ¿sí o no?

Según un estudio de la Fundación Alemana de Control de Calidad Warentest, a la mitad de los bebés se les ofrece la ayuda de un andador a partir de la edad de seis meses. Pues bien, en el país germano, se considera a este recurso, literalmente, "la ayuda más peligrosa para tener custodiados a los niños pequeños". La razón de esta sentencia parece estar en los aproximadamente 6.000 accidentes anuales que producen. Lo cierto es que cada vez son más los expertos que califican a los andadores como de artilugios absolutamente innecesarios. Está demostrado que los niños que aprenden solos todas las secuencias de movimiento, desde estar boca arriba hasta levantarse y andar siguiendo su propio ritmo, tienen unos movimientos claramente más seguros posteriormente.

79
Juegos para favorecer su creatividad

A través del juego, el niño se convierte en el "jefe" de un mundo real o imaginado, y puede inventar algo nuevo o solucionar situaciones puntuales, lo que se traduce en un aumento de la creatividad, de la flexibilidad de pensamiento y de la capacidad resolutiva.

El dato

Los investigadores son unánimes al afirmar que el juego proporciona una sólida base para el crecimiento intelectual, para la creatividad y para la resolución de problemas, ya que empuja a los niños a ir más allá de la mera búsqueda de respuestas a las cuestiones planteadas de antemano, descubriendo soluciones más imaginativas.

✔ Ningún ordenador es capaz de actuar como una réplica de la creatividad que utiliza el cerebro humano para resolver problemas. Más que en las notas o en conseguir que digiera toneladas de información, lo que hay que buscar es cómo estimular el talento infantil para conseguir que el niño sea un pensador creativo e independiente, haciendo que contemple una misma situación desde distintas perspectivas.

✔ Las investigaciones sobre el desarrollo de la creatividad han demostrado que cuando mejor aprenden los niños es cuando se les empuja a rebasar levemente la frontera del territorio en el que se sienten seguros.

✔ Para ello, a la hora de ofrecerle juegos y estimulación, hay que sacar partido de todo aquello que le interese al bebé, reduciendo el número de pasos que debe realizar para alcanzar el objetivo que se ha marcado (cuanto más sencillo es el entretenimiento, mejor). También hay que relacionar la tarea con cosas que sí sabe hacer y, si da muestras de frustrarse, animarle a seguir, a no tirar la toalla, pero sin agobiarle.

✔ Para mantener su interés y estimular su creatividad, hay que enseñarle que no pasa nada por no ser perfecto y que lo que de verdad importa es el esfuerzo que realiza. Para no matarle la curiosidad hay que infundirles ánimo, no críticas.

✔ Los juegos de simulacro, en los que niño interpreta distintos roles (pirata, maestra, poli o caco...) le permiten enfrentarse a sus sentimientos y llevar a una escala más pequeña y manejable la resolución de problemas. Las actividades con arcilla y las marionetas son otros canales estupendos para dar rienda suelta a la creatividad.

✔ Pero sin duda, el juego que más potencia la creatividad del niño son los disfraces. Pero al contrario de lo que ocurre con otros juegos, es importante enseñarle. Si nunca ha jugado antes, lo mejor es que tú te disfraces también y cambies el tono de voz, para que capte que la finalidad es adoptar otra personalidad. Una vez que el niño se implique en esta actividad, hay que dejar que sea él quien tome la iniciativa y elija la prenda que quiere ponerse. Es importante alabarle mucho y decirle que ha conseguido el efecto que buscaba para aumentar así su confianza.

Accesorios de doble cara

No hace falta adquirir el disfraz más caro de la tienda de juguetes para que el niño se "meta en el papel" y potencie su creatividad. Muchos de los utensilios y objetos caseros pueden servir estupendamente para este fin:

✔ La escoba puede convertirse en un caballo.
✔ Las cajas de cartón son muy versátiles: pueden hacer las veces de mostradores, coches, castillos, baúles del tesoro …
✔ Las gafas de sol antiguas dan mucho juego a la hora de adoptar otra personalidad en un juego determinado.
✔ Una alfombra vieja, por ejemplo, se puede convertir en la de Aladino o en la cubierta de un barco pirata.
✔ Las sábanas y colchas viejas pueden resultar excelentes tiendas de campaña.

80
Juegos para socializarse

El juego es a la vez un instrumento de comunicación y de socialización infantil, ya que permite a los más pequeños, por un lado, establecer relaciones con sus iguales y, por otro, ponerse a sí mismo en situaciones distintas a las habituales, lo que le permite ampliar su perspectiva y adaptarse mejor a otras personas diferentes a él.

El dato

Está comprobado que los niños que juegan suelen estar más alegres y receptivos, lo que hace que se integren mejor y se lleven bien con sus compañeros. Todo ello propicia a su vez que se impliquen más cuando se les explica algo en la guardería o en el colegio y que se esfuercen de forma autónoma.

✔ Los juegos simbólicos, de representación o ficción presentan muchas ventajas desde el punto de vista de la socialización del niño: estimulan la comunicación y cooperación con los otros, fomentan el desarrollo moral ya que, según los expertos, suponen una estupenda escuela de autodominio, voluntad y asimilación de reglas de conducta; y facilitan el autoconocimiento y el desarrollo de la conciencia personal.

✔ Los juegos de tipo cooperativo promueven la comunicación entre los niños; aumentan el nivel de participación en las actividades de tipo de colectivo (en clase, en la guardería); estimulan los contactos físicos positivos; incrementan la conducta psicosocial y facilitan la aceptación interracial e intercultural.

✔ Por su parte, los juegos que se desarrollan siguiendo unas reglas (determinados tipos de deportes, actividades colectivas como "el pañuelo"...) suponen un importante aprendizaje de estrategias de interacción social; permiten al niño hacer un ejercicio de responsabilidad; estimulan la creación de valores como la democracia y facilitan el control de la agresividad, al potenciar las actitudes de autodominio.

Juego social = felicidad

Tal y como explican las doctoras Kathy Hirsh-Pasek, directora del Laboratorio Infantil de la Universidad de Temple, y Roberta Michnick, directora del Proyecto de Lenguaje Infantil en la Universidad de Delaware, en su libro *Einstein nunca memorizó, aprendió jugando*, las ventajas del juego social son muchas. "Pero tal vez la más importante de todas desbanque a las demás: los niños que juegan son más felices. Cuando el niño es feliz tiende a relacionarse mejor con sus compañeros y a caer bien. El juego social no sólo le hace feliz e inteligente, sino que además le sirve para crear las habilidades sociales que le ayudarán en el futuro. Además, el que ha jugado de niño consigue de mayor reducir mejor el estrés a través de los juegos".

81

Juegos para potenciar su psicomotricidad

Entretenerse, aprender y, al mismo tiempo, ejercitar sus músculos. Estas son las principales premisas que deben cumplir todos los juegos, juguetes y actividades que tengan como finalidad favorecer el desarrollo de la psicomotricidad del niño.

El dato

"El desarrollo de los movimientos delicados de las manos está vinculado estrechamente con el desarrollo del juego, e influye en un grado muy elevado en el desarrollo de la cognición, la experiencia, el razonamiento y ciertas características como la concentración y la precisión"
Doctor Jaroslav Koch.

✔ La mejor forma de asegurar al niño un correcto desarrollo físico y psicomotor es a través del juego. Todas las investigaciones realizadas sobre el tema han demostrado que el juego potencia el desarrollo del cuerpo y los sentidos ya que permite al niño descubrir sensaciones nuevas a la vez que coordina los movimientos de su cuerpo, estructura su representación mental del esquema corporal y le permite ir alcanzando "metas" que redundan en una mejor psicomotricidad.

✔ Los juegos de cubos, las pelotas y las construcciones

son los principales aliados a la hora de desarrollar la coordinación y la psicomotricidad infantil.

✔ Uno de los juegos más sencillos y efectivos en este sentido consiste en enseñar al niño a coger objetos de diversos tamaños y formas en distintas posiciones. Ofrécele por ejemplo un disco de cartón (que solo puede coger por el borde); un globo grande (tiene que agarrarlo con ambas manos), etc.

✔ Los juegos que incluyan movimiento también son muy prácticos. Basta con ofrecerle al bebé uno de sus juguetes pero agitándolo de modo que tenga que cogerlo mientras está en movimiento. Otra opción es hacer girar una llave: mete una llave grande en la cerradura de un cajón, de forma que el niño pueda darle vueltas en ambos sentidos.

✔ Las actividades que implican un "arrastre" también son muy positivas en este sentido. Una de las más sencillas es hacer que el niño se acerque a un objeto con la ayuda de una cuerda. Basta con colocar un juguete o muñeco sobre una mesa, fuera del alcance del bebé, y atar a él un trozo de cuerda, poniendo en el otro extremo una pequeña pelota. Coloca la cuerda directamente frente al niño. Lo primero que le llamará la atención es la pelota, y empezará a jugar con ella para, después, reparar en el juguete y tirar de la cuerda hasta acercarlo a él.

✔ Tocar el tambor, dar palmadas, apretar un botón, golpear un objeto contra otro, abrir cajones, vaciar y llenar recipientes... son solo algunos ejemplos de las actividades que proporcionan al niño una mayor coordinación y psicomotricidad.

Gimnasios infantiles: buenos para todo

Los llamados gimnasios para bebés están concebidos para estimular los sentidos del niño y ayudarle a desarrollar adecuadamente su psicomotricidad. Incluyen móviles, juguetes de colores intensos colgantes, distintos sonidos, luces y otros accesorios. Basta con colocar durante unos minutos al niño todos los días bajo estos gimnasios para que éste reciba un importante compendio de estímulos y efectos positivos: favorecen su percepción óculo-auditiva; desarrollan sus habilidades manuales y su motricidad fina y gruesa; le ayudan a asimilar el concepto de causa-efecto; ejercitan la musculatura (sobre todo de sus piernas); alimentan su curiosidad; preparan su coordinación de cara al futuro gateo; aumentan su capacidad cognitiva...

82
Juegos para su capacidad numérica

Hay evidencias de que mucha de la "mala fama" que arrastran las matemáticas se debe a que no se enseñan de la forma adecuada. Y este sentido, el aprendizaje temprano puede sentar unas bases muy positivas.

El dato

"La principal regla es que tanto los padres como e hijo deben enfocar el aprendizaje de las matemáticas gozosamente, como el juego maravilloso que en realidad es."
Doctor Glenn Doman

✔ Aunque los científicos han demostrado que las capacidades numéricas infantiles surgen incluso antes de que vayan al colegio, lo que realmente poseen todos los niños de corta edad es la concepción básica de "más" y "menos".

✔ Una investigación realizada en la Universidad de Columbia demostró que, en sus juegos libres, los niños dedican el 46 por ciento del tiempo o bien a organizar objetos en conjuntos o bien a contarlos y explorar esquemas y formas, lo que significa que practican de forma "natural" el pensamiento matemático.

✔ Este se puede potenciar a través de una serie de actividades lúdicas que le pongan en contacto y le familiaricen con los números, principal instrumento del pensamiento numérico. Para ello, muchos métodos de estimulación recomiendan enseñar al niño con frecuencia láminas o libros en los que aparezcan los números, y transmitirle en voz alta mensajes tan sencillos y concretos como "Esto es un uno".

✔ Otra estrategia para familiarizarle con los conceptos numéricos es animarle a manipular objetos, alineándolos, comparando conjuntos de elementos... Es un tipo de juego que a los niños les encanta hacer sin que haya que pedírselo.

✔ Los juegos basados en rellenar y sumar contenidos son muy efectivos en este sentido. Un ejemplo: muestra a tu hijo cinco bolsas de plástico, cada una con un número escrito delante (del 1 al 5). Coge un paquete de cacahuetes o cualquier objeto que venga en múltiplos;

recopila sus animalitos de peluche u otro juguete y simulad que se van a comer al campo. Pregúntale al niño cuántos cacahuetes se merece cada animal. El juego consiste en introducir el número correcto de elementos en la bolsa. También hay variaciones como hacer que los niños vuelquen al final el contenido de dos bolsas y comparen cuál tiene más y cuál menos.

✔ Otro juego divertido es hacer montoncitos con flores, piñas, ramas, etc que recojáis en el campo y luego compararlos...

Paseos "numéricos" y juegos de mesa

Los paseos y las salidas cotidianas son estupendas oportunidades para encontrar números por todas partes. Llevar a la compra a los más mayores puede suponer una auténtica lección magistral para aprender cosas sobre las comparaciones y el contraste basado en los números y en la cantidad.

También es importante devolver a los juegos de mesa el protagonismo perdido a favor de las nuevas tecnologías. Uno de ellos, el "Juego de la Oca", goza de gran popularidad entre los más pequeños, ya que el hacer avanzar las fichas según el resultado del dado están usando el principio de correspondencia, indispensable para estructurar el pensamiento matemático.

83
Juegos de imitación: por qué son tan importantes

La repetición es uno de los secretos del aprendizaje infantil y, además, presenta la ventaja de que puede basarse en juegos y actividades muy sencillos de poner en práctica en cualquier situación o lugar.

El dato

Según Jaroslav Koch, no basta con proporcionarle al niño todas las oportunidades de observar la vida de su entorno. Hay que ayudarle para que aprenda a imitar, a expresar activamente todo lo que ve, incitándole a reproducirlo, repetirlo y, en definitiva, imitarlo.

✔ Enseñarle para que repita, pero siempre bajo la premisa de la diversión: esa es la fórmula para que el juego imitativo proporcione en el niño todo su potencial de beneficios.

✔ Los primeros indicios de imitación son a través del habla, cuando el niño reproduce sonidos que oye de sus padres u otras personas de su entorno.

✔ Según los expertos, la mejor edad para potenciar la imitación es entre los 11 y los 12 meses. Una manera de incitarle a repetir gestos y actitudes es aprovechar para ello situaciones cotidianas. Por ejemplo, al lavarle las manos, hacer que él lave a su vez las de un muñeco; al darle de comer, "darle de comer" también a un osito; después, entregárselo e instarle a él a que también le de comer....

✔ Si se enseñan al niño movimientos y gestos imitativos de este tipo no tardará en captar el principio de la imitación y empezará a imitar todo aquello que llame su atención de forma instintiva.

✔ Es importante que la enseñanza del juego imitativo se haga siempre en un ambiente informal y de diversión. Se trata de entrenar una habilidad, no de someter al niño a un examen continuo. Si no se muestra participativo en la actividad, lo mejor es dejarlo para otra ocasión.

✔ Para los expertos en las propiedades del juego infantil, la imitación supone la mejor preparación para los denominados "juegos de oficios", que son de sus preferidos a partir de los tres años y en los que el niño ya no se limita a imitar movimientos individuales, sino que realiza una serie de actos que manifiestan que ha adoptado el papel de alguien: jugar a las mamás, a los médicos, a los policías...

¿Hay que enseñarle a imitar?

Hay algunos autores que afirman que los niños son capaces de adoptar actitudes imitativas de forma casi innata, alcanzando este estadio sin ninguna influencia exterior. Otros, como Jaroslav Koch, defienden la necesidad de estimular a los niños en este sentido. El doctor checo pone como ejemplo la experiencia obtenida tras estudiar los orfanatos mal dirigidos desde el punto de vista educativo en los que quedó de manifiesto que el juego imitativo se desarrolla muy lentamente, llegando incluso a desaparecer cuando falta el estímulo adulto.

Bibliografía

- Asociación Española de Fabricantes de Juguetes. *El juego y el juguete en la educación infantil.* Alicante, 2000
- Bédard, Nicole. *Cómo interpretar los dibujos de los niños.* Sirio. Buenos Aires, 2001
- Doman, Glenn. *Cómo multiplicar la inteligencia de su bebé.* Edaf. Madrid, 1990.
- Erkert, Andrea. *Niños que se quieren a sí mismos.* Oniro. Barcelona, 2001
- Hirsh-Pasek, Kathy; Michnick, Roberta. *Einstein nunca memorizó, aprendió jugando.* Martínez Roca. Madrid, 2005
- Höfer, Silvia. *El primer año del niño.* Medici. Barcelona, 2010
- Hogg, Tracy; Blau, Melinda. *El secreto de tener bebés tranquilos y felices.* RBA. Barcelona, 2001
- Jay, Roni. *Bebés para principiantes.* Robinbook. Barcelona, 2008
- Koch, Jaroslav. *Superbebé.* MR Ediciones. Barcelona, 1988
- Mahé, Véronique. *Los 100 primeros días del bebé. Diario íntimo de una joven mamá.* Robinbook. Barcelona, 2008
- Plasencia, Juan José. *Cómo estimular al bebé.* Robinbook. 2010.
- Rodríguez Delgado, José M. *La mente del niño.* Aguilar. Madrid, 2001

Mi bebé no duerme
Elizabeth Doodson

«¿Qué puedo hacer para que el bebé duerma y me deje dormir?» Esta es sin duda la pregunta que atenaza a muchas madres y padres durante los primeros meses del bebé. Pues bien, para responder a esta pregunta la psicóloga Elizabeth Doodson ha recopilado los consejos de terapeutas, pediatras, psicólogos y especialistas en materia del sueño infantil y ha añadido las nociones básicas que todo padre debe conocer al respecto.

Cómo estimular al bebé
J. J. Plasencia y Mª Eugenia Manrique

Tener un hijo es una aventura extraordinaria, una suerte de amor que hace aflorar éste y otros sentimientos y que nos acompaña en este viaje conjunto. Pero junto a ello también asalta a los padres la necesidad de procurarle al recién nacido un entorno saludable que le posibilite crecer y desarrollarse en plenitud.

Este libro trata de ofrecer las pautas imprescindibles para que en estos primeros meses los padres sean capaces de ofrecer a su hijo los estímulos más adecuados para cada época de su crecimiento, tanto en el plano físico como en el intelectual.

Los 100 primeros días del bebé
Véronique Mahé

¡Al nacer el primer bebé hay razones para sentirse perdida y desorientada! Nada es «natural»: la lactancia, cómo preparar el biberón, por qué el bebé llora tanto... En *Los 100 primeros días del bebé* podrás seguir, día a día, la experiencia de una mamá primeriza, acompañada de consejos médicos, trucos prácticos, juegos para el bebé e informaciones útiles para aprovechar al máximo los 100 primeros días, tan importantes para el pequeño... como para sus padres.